K čemu je taková cesta, co nevede k chrámu
What is such a way for that does not lead to a temple
Wozu dient dieser Weg, wenn er nicht zum Dom führt
A quoi sert un chemin qui ne va pas au temple
Para qué sirve el camino si no lleva al templo
A che serve un cammino che non va alla chiesa
Чему служит дорога, не ведущая к храму

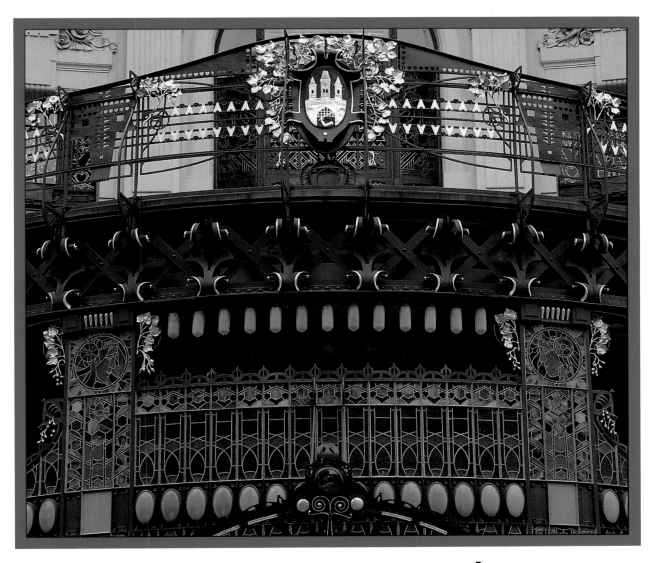

KAROL BENICKÝ

ZLATÁ PRAHA

THE GOLDEN PRAGUE
DAS GOLDENE PRAG
PRAGUE LA DORÉE
LA PRAGA DE ORO
PRAGA D' ORO
ЗОЛОТАЯ ПРАГА

TEXT – JAN CIMICKÝ

Klaním se, zdravím vás, bělaví ptáci,
s vámi se pokaždé jaro k nám vrací,
po dlouhé noci přichází den,
na křídlech rozpjatých nesete sen.
Říkám ta slova do plamenů –
měníse v bílý dým,
říkám ta slova do zvonů –
vím, že je uslyším.
I když má ústa budou němá,
ozvěna vrytá do kamenů
zůstane láskou proměněná.
A cesta králů svléká zimní plášť
a sochám nebude už zima
a třeba zmizí lidská zášť
a hloupost, která nedojímá.
Říkám své řece do pramenů,
o čem si tajně sníme,
říkám ta slova do zvonů –
vím, že je uslyšíme.
A kdyby ústa byla navždy němá
ozvěna vrytá do kamenů
zůstane láskou proměněná.
Klaním se, zdravím vás, bělaví ptáci,
s vámi se pokaždé jaro k nám vrací,
po dlouhé noci přichází den,
na křídlech rozpjatých nesete sen.

Luděk Munzar

„Zlatá Praha" je pro naše dějiny, pro náš národ, pro každého Čecha skutečností tak mnohotvárnou, že krátké vyznání vztahu k ní bude vždy – a to je smysl těchto řádků – osobní, subjektivní...

Jistě, uchvacuje krása její polohy – historická návrší, mezi nimiž se vinou zákruty zlaté stuhy Vltavy – , stejně jako krása vytvořená lidským géniem, vpisujícím mnohotvárným způsobem naše dějiny trvale do pestrosti slohů jako do krásné otevřené knihy, v níž lze číst. Ano, to vše mě uchvacuje...

To, co mě však dnes při pohledu na město při procházkách po Petříně či po vltavském nábřeží nebo historickými uličkami nejsilněji oslovuje, je vtělená přítomnost duchovních kořenů našeho národa.

Stověžatá Praha! Věže slavných chrámů a klášterů i občanských domů, paláců, radnic, ústavů, univerzitní knihovny, mosteckých a jiných věží... Vše je tu svorně pohromadě – hluboký výraz společenství života oblasti duchovní i občanské – se zlatou pečetí v hradčanském panoramatu. To mě uchvacuje a výmluvně promlouvá k mému srdci...

Miloslav kardinál Vlk

Uprostřed neustálého a uspěchaného kolotoče práce si člověk často ani nestačí uvědomit, jaká je Praha krásná. Je to pravda pravdoucí, procestovala jsem mnoho krajin a obdivovala řadu světových metropolí, ale Praha je jenom jedna! A jsem na to patřičně hrdá, že i já, rodačka z Kobylis, jsem křtěná Vltavou. Koukám, pane Benický, že tady máte i zámek ve Veltrusích. Okolí Prahy... No jó, bydlela jsem v něm a navštěvovala zde školu pro mladé dámy, vedly to tehdá jeptišky. Něco z toho ve mně zůstalo, ale ne moc. V psaní nějak zvláště nevynikám, už jako dítko školou povinné jsem si pletla, kde se ve slově Kobylisy užívá měkké a kde tvrdé i. Zato jsem doma na jevišti, ve filmu, i na obrazovce. Tam se vyřádím dle své chuti, a tím také prokazuji svou lásku, oddanost a úctu Praze, Čechám vůbec, krajině a především našemu pracovitému, po opravdové kultuře prahnoucímu lidu.

Herečka *Jiřina Bohdalová* nad knihou Karola Benického Zlatá Praha

Praha je podle mne nejkrásnějším středoevropským městem! Když se procházím Prahou, uličkami Starého Města, ale i ulicemi Nového Města, mívám pocit, který se neopakuje v žádném jiném městě světa: pocit nacházím tam, kde historie není minulostí, nýbrž přítomností.

Nevím, komu bych měl být vděčný za to, že Praha nebyla ve válce zničena. Myslím, že to nebylo rozhodnuto jedním člověkem. Ani o tom nerozhodla nějaká skupina lidí. Myslím, že zde zapůsobilo něco jako božské řízení. Osud. Předurčení. Tak jako v přírodě existuje několik krajin nebo ostrovů, kde je ještě ráj na zemi, tak existuje i několik kulturních míst, které zůstaly rájem. Praha je pro mne jedním z těchto míst.

Christian Müller, Ringier ČR

Je tomu vyše štyridsať rokov, keď som ako mladík vystúpil na nádraží v Prahe. Postavil som papierový kufor vedľa seba a rozhliadol sa po uliciach mesta, ktoré sa malo stať mojim pôsobiskom počas štúdií na filmovej fakulte. A prvý dojem? Hneď v okne domu oproti som zazrel z diaľky čitateľný inzerát: „PRODÁM ČELO PO SVÉM ZEMŘELÉM MANŽELOVI". Pochopil som, že som sa ocitol tam, kde ženy porcujú po smrti svojich manželov a predávajú ich po častiach.

Vtedy som ešte netušil, že moju počiatočnú nedôveru vystrieda úžas a láska k tomuto stovežatému divu Európy a Praha sa stane mojim trvalým domovom.

Praha historická, poetická, magická... Celé tie desaťročia ma inšpirovala onou magickou silou, ktorou je celá presiaknutá. Mesto, v postupnosti času nemenné a predsa vždy prekvapivo iné. Možno i preto ma potešilo, keď po rokoch som opäť objavil za oknom malého obchodíka absurdný oznam: „PRODÁVÁME VODU V PRÁŠKU!..."

Juraj Jakubisko, filmový režisér

Mým prvním reprezentačním vystoupením vůbec byl start za mužstvo Prahy proti Varšavě v roce 1953. Plných sedmnáct roků jsem pomáhal šířit téměř na všech kontinentech jméno Prahy na svém dresu Dukly Praha. Je zajímavé, že tahouny mužstva byli kluci mimopražští – Láďa Novák z Loun, Sváťa Pluskal ze Zlína a já z Mostu. Společně jsme to doslova táhli třináct let.

Jako aktivní sportovec jsem nikdy neměl tolik volného času, abych vychutnal krásu zlaté Prahy. Až teď, když jsem už jako ve „fotbalovém důchodu" a konkrétně i při prohlížení tvé skvělé knížky, si, Karolko, uvědomuji, jaká je Praha krásná a že stálo za to hájit její skvělé jméno, které je skutečně odlito z ryzího zlata!

Josef Masopust, držitel Zlatého míče

Praha v mojom prvotnom vnímaní bola intuitívnou bránou, ktorou zo spoločnej vlasti Čechov a Slovákov dospievajúci chlapec z východoslovenskej rusínskej dediny vykročil do pozemského sveta.

Praha v mojom druhotnom vnímaní ma prijala ako „Čechoslováka" z nemeckej cudziny, dala mi vzdelanie v oblasti vizuálneho umenia a potvrdila mi moju domienku, že kto raz prekročil prah jej historickej duchovnosti, zostáva ňou navždy fascinovaný.

Praha v mojom treťom vnímaní ma nedávno prijala ako cudzieho štátneho príslušníka, umožnila mi na svojom teritóriu založiť dcérsku spoločnosť nemecko – slovenskej firmy MIRO a nasmerovať kultúrne aktivity do nového tisícročia z posvätného miesta na Hradčanoch do ostatnej Európy...

Dr. Miro Smolák, majiteľ medzinárodnej galérie MIRO v kostole sv. Rocha

Co pro mě byla Praha do mých sedmnácti let?! Kniha litografií v knihovně mých rodičů, Malostranské povídky Jana Nerudy, Žižkov z básniček Jaroslava Seiferta i dětského bestseleru mnoha generací Káji Maříka; Praha – to byl Cyrano z Bergeracu Zdeňka Štěpánka, Karlův most Vítězslava Nezvala i Apollinairova vize posezení nad městem – byl to Svět – tak vzdálený – i blízký!

Za krátký čas po studiích na brněnské JAMU jsem se ve své vytoužené Praze ocitla natrvalo. A nezklamala mě! Měla jsem tehdy víc času než dnes, a tak jsem se hodně po Praze procházela, znovu objevovala mně „známou" Prahu Jana Nerudy a nakukovala do dvorků malostranských domů. Dokonce jsem se svým Cyranem, panem Štěpánkem, natočila svou první gramofonovou desku – Šrámkův Splav!! I v Apollinairově Zlaté studni jsem seděla a v šedesátém osmém roce jsem se po svých televizních Sňatcích z rozumu vdávala z lásky v chrámu sv. Mikuláše.

Náš drahý přítel František Nepil říkal, že „všechno lepší pochází z Moravy, ale aby to bylo nejlepší, musí to čichat nějaký čas pětkrát v týdnu vůni Vltavy".

Miluji Prahu, která mě neustále překvapuje a bolí mě každá necitlivost i nevděk k tomu, co generace dávno přede mnou, před námi, pro ni vytvořily.

Moc bych si přála, aby má „adoptivní matka" Praha okouzlovala dále své poutníky jako mě – i dalšího „přišelce" – Karola Benického.

Gabriela Vránová, herečka

Již před 100 lety založili naši předkové společnost Elektrické podniky královského hlavního města Prahy, která vystavěla elektrárnu v Holešovicích. Z té proudila elektřina a posléze teplo pro Prahu.

Léta plynula, vystřídaly se generace Pražanů, byly postaveny další energetické zdroje a náš podnik bez přestávky zpříjemňuje domovy obyvatel, prostory průmyslových areálů, obchodních objektů, správních, školských, zdravotnických, kulturních a sportovních zařízení.

Bez tepla domova by nebylo teplo v duši, které nám umožní vnímat krásu města, k němuž se s hrdostí hlásíme.

Ing. Luboš Pavlas, předseda představenstva a generální ředitel, Pražská teplárenská a.s.

Byl jsem už ve světě ledaskde. Voněl jsem k Paříži, rozhlížel se po Londýně, trpěl v gigantickém Tokiu a Los Angeles, dotýkal se energie Nového Yorku, zakusil pocit konce cesty na Zlatém mostu v San Francisku, usmíval se malosti Rudého náměstí v Moskvě, které kdysi v televizních přenosech prvomájových průvodů vždycky vypadalo jako největší náměstí světa. Když ale letadlo zakrouží nad, co do rozsahu, mnohem menší Prahou, pocítím její zvláštní fluidum, a nejen proto, že jsem tu doma. Nevěříte? Zkuste to, třeba jen na jediný den. Určitě nebude poslední, a teprve pak pochopíte, že Praha je pokaždé trochu jiná.

Vlastimil Ježek, generální ředitel Českého rozhlasu

Malostranské zákoutí pod popraškem sněhu • The Lesser Town nook covered with snow • Kleinseitner Winkel unter einer dünnen Schneedecke • Un coin dans le quartier de Malá Strana soupoudré de neige • Uno de los rincones de la Ciudad Pequeña bajo la nieve • Un angolo di Malá Strana sotto neve • Малостранский закоулок под снеговой порошей   >

Řeka Vltava se svými mosty a nábřeží • The Vltava river with its bridges and embankments • Die Moldau mit ihren Brücken und Ufern • La Vltava avec ses ponts et ses quais • Rio Moldava con sus puentes y riberas • Il fiume Moldava con i suoi ponti e banchine • Река Влтава со своими мостами и набережными   >>

Staroměstské náměstí s gotickým kostelem p. Marie před Týnem • Old Town Squarewith the gothic church of Our Lady of Týn • Der Altstädter Ring mit der gotischen Teynkirche • La place de la Vieille-Ville avec l'église gothique de Notre-Dame-de-Týn • Plaza de la Ciudad Vieja con la iglesia gótica de Nuestra Señora de Týn • La Piazza della Città Vecchia con la Chiesa della Vergine Maria di Týn • Староместская площадь с готическим костелом Девы Марии Перед Тыном   >>>

ZLATÁ PRAHA

Když zlaté slunce ztratilo na nebeské projížďce zlatý paprsek, nejpřednější mistři z něho stvořili město.

Říká se mu dodnes Zlatá Praha, snad proto, že připomíná zlatou zář svou poetickou siluetou, bohatstvím kostelů a chrámů, špičatých věží a věžiček i odrážející se klidnou hladinou velebné řeky za horkého letního poledne.

Praha! Prošel jsem mnoho měst, ochutnal jejich dlažbu a zalykal se jejich krásou, ale žádné z nich nemá tolik přirozeného půvabu a tak křehkou duši jako tohle, v němž jsem se narodil. A nevyměnil bych je za žádné jiné.

Arabský kupec Ibrahim ibn Jakob vyprávěl, že „Praha z kamene a vápna zbudována jest". Projížděl tudy totiž jako jiní kupci z východu na západ a zpátky a tady v Praze, na křižovatce cest, odpočíval v opevněném a uzavřeném hradišti „týnu", kde za jakýsi celní obnos měl zajištěnu bezpečnost proti lupičům, lapkům a zlodějíčkům, jimiž se to v okolních hvozdech jen hemžilo. Za malý uznávací poplatek se mu dostalo, potřeboval – li, i ošetření ve špitále.

To byla Praha na prahu historie. Ve stejné době mocenské a zřejmě i příbuzenské neshody vedly k vybudování vzdorosídla, paláce na druhém břehu Vltavy – na vrchu Vyšehradu. Pražský hrad byl v tom čase již uznávaným správním a mocenským centrem, odkud vládl přemyslovský kníže a pak i král. Vyšehrad se však stal v legendách neodmyslitelnou kolébkou našich dějin.

Tady Libuše věštila slávu Praze a sem, na knížecí stolec, si přivedla zakladatele rodu, oráče Přemysla, tady statečný Horymír sevřel pevně slabiny svého věrného koně Šemíka a přeskočivše hradby, vrhli se do vln řeky, aby unikli do bezpečí. Tady opuštěn stojí i Čertův sloup, nejspíše zlomená časomíra našich dávných předků.

Pozvolna plynul čas a město se rozvíjelo do krásy v bílém kvádříkovém zdivu románských rotund a bazilik, které sloužily i jako obranné pevnosti a zachovaly se až do dnešních dnů, jakož i uličky řezníků, caletníků i truhlářů a měšťanské domy s hlubokými sklepy na Starém Městě.

Vstupními branami do opevněného města proudili nejen cizinci, prodávající orientální a jiné vzácné zboží, ale i trhovci z dalekého a blízkého okolí, aby na koňském, dobytčím, uhelném, hrnčířském, ovocném či zelném trhu prodali své zboží. Někteří připlouvali i po řece, na vorech, vždyť plavení znamenalo často život.

Dovedu si představit dobu, kdy mladičký král a budoucí císař Karel IV. přijíždí z Paříže, kde vyrostl a s sebou přivádí mladého architekta Matyáše z Arrasu, aby mu dovolil uskutečnit smělé plány a představy – tak před jeho očima vyrůstal chrám sv. Víta. Karel zbudoval i kamenný most, ohraničený věžemi, klenuté kostely a chrámy, ale i pevnostní Hladovou zeď na kopci Petříně.

Jak asi Karel IV. miloval město, vyrůstající mu pod rukama! Kde každý pilíř něco znamenal. Dovedeme si vůbec představit, jak hřejivý pocit zažíval mladý kralevic z rodu Lucemburků, který se díky své matce cítil Čechem, tento obdivuhodný vzdělanec, milující moudrost, když pohlížel na rostoucí skvosty, jež založil? Výmluvné svědectví bohatství ducha.

Strohá osamělost gotických staveb, směřujících skromně vzhůru k bohu, nenarušuje ničím soustředěnou úvahu a sebereflexi o postavení člověka v tomto světě. Matyáš z Arrasu a po něm Petr Parléř z Gmündu obohatili Prahu a vtiskli jí skutečně evropskou podobu. A tak hledíme – li v Paříži zvenčí na zadní část katedrály Notre-Dame, jako bychom v duši nesli obrázek katedrály sv. Víta z Pražského hradu, obě jsou si tak blízko, svou lehkostí a čistotou se vzájemně podobají, ač mezi jejich vznikem uplynula téměř dvě století!

Praha gotická! Je mi nějak bližší, více mne oslovuje. Snad právě tou přímočarostí vnitřní myšlenky mne okouzlila. Postupně v té mystické nádheře začaly probleskovat i nejobyčejnější lidské vlastnosti, vedoucí pak k totálnímu rozdílu mezi slovy a skutky. Vše, co nás obklopuje, zná dvě extrémní polohy, na jedné straně bezbřehé a marnivé bohatství a na druhé bezmocná chudoba. Rozumím kněžím, kteří si tento paradox uvědomovali. Konrádu Waldhauserovi, Milíči z Kroměříže, ba i Janu Husovi a chápu, proč byli svým svědomím přinuceni tyto věci pojmenovat a veřejně vyhlásit. A tak se Praha stala svědkem konfliktu myšlenek, hledání pravdy a vlastních postojů i za cenu a s rizikem možných nepříjemností a ohrožení života. Učinili tak.

A Praha se ocitla rázem na prahu revoluce, která vedle proklamované krásy a čistoty svých myšlenek, jako ostatně téměř každá revoluční vlna, ničila naivně i symboly a domnělé nositele nespravedlnosti – bořila kostely, vypalovala kláštery, plenila města.

Praha se však vzpamatovala pokaždé, ať ji sežehl jakýkoli oheň; válečný i nahodilý, vždy se však šířil jako lavina. A z popele vyrůstalo město znova.

Stáli jste někdy na Staroměstském náměstí a dívali se na Týnský chrám a na dům Janka od Zvonu, který tu stál i v husitské době?

Jak vypadala asi tehdejší Praha, skutečně opevněná, s vysokými a širokými zdmi hradeb a příkopy kolem, když odděleno bylo i Staré Město od Nového?

Stejně tak fascinující je Praha židovská a zejména její přední představitel a učenec, rabín Jehuda Löw ben Bezalel. Zbyly nám po něm legendy, které v sobě nosíme. Umělý muž Golem, který je po staletí ukryt někde pod střechou Staronové synagogy. Kolik badatelů ho již hledalo! Co na tom, že dohady o jeho skutečné existenci vedou k mínění, že Golem nebyl umělý, ale skutečný a živý člověk. Byl-li to člověk, kterého rabín Löw pouze léčil, jistě již dávno zemřel a rozpadl se v prach...

Židovská Praha je i azylem přežití a symbolem víry. Po množstvích pogromů, ústrků a ponižování se v ghetu tohoto města narodil Franz Kafka, jehož knihy ovlivnily myšlení celých generací intelektuálů a zmapovaly absurditu světa a neuchopitelnost narušené komunikace.

Snad přímo z podhradí židovského světa vedla cesta magie, kouzel a touhy po skutečném poznání až vzhůru na Hrad, kde císař Rudolf II., ten prazvláštní duch vzdělanosti, sběratel a milovník umění, vytvořil znamenitou galerii nejcennějších výtvarných perel a ke svému dvoru připoutal a hostil zde nejslavnější astronomy a astrology, matematiky a učence, jakými nesporně byli Johannes Kepler či Tycho de Brahe. Poslouchal jistě pozorně i jejich rozdílné názory a toužil s nimi poznat tajemství vesmíru a jeho zákonitostí.

Rudolfínská Praha! V renesančním hávu, který se obrací spíše k životu současníka a k běžným lidským touhám, prožitkům a potřebám. Prožila však i období velkého strádání, národního poníže-ní, které následovalo po útěku zimního krále Fridricha Falckého a prohrané bitvě na Bílé hoře.

Poprava českých pánů, intelektuální špičky národa. Exodus dalších, jako byl Jan Amos Komenský. Narůstající moc církve a především jezuitského řádu. A konečně reformy Marie Terezie a jejího osvícenského syna Josefa II. Národ se pozvolna vzpamatoval a našel sílu, potřebnou pro přežití a posílení národní identity. A to se již dostáváme do Prahy pozdější, barokní a rokokové.

Praha, naplněná zlatem na oltářích a monstrancích, přepychem výstavných šlechtických sídel, paláců a domů, s kudrlinkami paruk a spinety v hudebních saloncích. A najednou je tu nezbedný a neposedný klukovský génius Mozartův, talent, který si pohrává s hudebními nápady jako s míčem a v klidu a v pohodě usedlosti na Bertramce komponuje s chutí svou operu Don Giovanni. A že by tu hrála i velkou roli milostná slabost k paní domu, kdo ví?

A Praha divadelní, která stále více souvisí s oživením českého jazyka a uvědoměním si slovanské příslušnosti a češství v onom německém moři. Ta představení, pouťové produkce loutkářů i ochotníků předcházely národnímu vzepětí a stavbě důstojné budovy kamenného Národního divadla. Hledání ryzího češství proti všední germánskosti, touha po přežití, po originalitě a zachování vlastní podoby.

Romantická zákoutí Starého Města, Malé Strany a Kampy, nábřeží Vltavy, pražské ostrůvky – to vše je přece předurčeno pro básníky a zamilované dvojice. Tradice májových návštěv u pomníku básníka lásky Karla Hynka Máchy se udržela dodnes a kytička fialek je malý hold našemu veliká-novi, který na svazích Petřína, jako patron zamilovaných, shlíží na rozkvetlý sad a dává jakoby souhlas a požehnání.

Kdo se nikdy nezastavil u vltavského přístavu pod vyšehradskou skalou a nevzpomněl si na pověst o spravedlivém vodníkovi, který tu prý žil?

Každé místo v Praze má svou historii, každá čtvrť měla svůj konkrétní osud a podobu. Dělnický Žižkov, periferní kolonie, činžáky na Vinohradech, vilky na Ořechovce.

Město, které máme rádi, musíme ohmatat nohama, říkal s oblibou básník Jaroslav Seifert. Kolik musí však člověk nachodit kilometrů po pražském dláždění, kolik puchýřů překonat, aby dosáhl poznání. Aby porozuměl, našel souzvuk. Aby město našlo důvěru k němu a prozradilo mu alespoň něco ze svých tajemství.

Jak často myslím na Prahu, když jsem někde daleko, jak moc mi chybí!

Narodil jsem se na Hanspaulce, na okraji Prahy a poznával jsem ji a prožíval nejintenzivněji v polovině tohoto století. Poklid předměstí, s úzkými ulicemi mezi domky se zahrádkami, s poštovní bryčkou, taženou koňmi... To bylo moje dětství. Objevování nejen historie, ale i okolí, lesů a luk, v kontrastu s velebností staveb v centru města, kam člověka dovezla kodrcající tramvaj. Zvláštní spojení periferie i jádra prostřednictvím dychtivé klukovské duše, prahnoucí po poznání.

Kde jsou ty nedělní procházky po Hradě, když se v poledne rozezněly zvony? Čím to, že najednou není čas se zastavit nad tím nádherným městem a chvíli se tiše a ohromeně dívat? Není to škoda?

Nejvíc se však člověk vrací do míst, kde se narodil a vyrostl. Třeba se projít tou pozoruhodnou moderní čtvrtí na Babě, u jejíhož zrodu stáli nejslovutnější a nejznamenitější architekti první republiky, kteří vyprojektovali a postavili účelné domy, každý jiný, a přece se vzájemně nerušící. Takové moderní dokonalé lidské sídliště!

Moderní sídliště v okolí velkých měst, i v Praze, však jako by zapomněla na pocit jistoty, bezpečí a „familiérnosti" prostředí, v němž se člověk pohybuje a dnes se marně a ztěžka hledají způsoby, jak mamutí habitáty zlidštit.

Ale město samo za poslední léta zkrásnělo, skutečně jako by se pozvolna vylupovalo ze slupky a odhazovalo skořápku, v níž se ztrácelo a zanikalo.

Opravené fasády domů, otevřené průchody a svítící výkladní skříně, co nahradily rezavé stažené rolety; hospůdky a vinárničky, kavárny a čajovny se opět klubou na svět, jako když se po bouřce zazelená. Jako by se Praha probouzela ze sna a opět zářila svým zlatem. Jako v pohádce o Šípkové Růžence. Stačilo mávnout kouzelným proutkem a svět se zas proměnil. Mění se a bude měnit dál.

Je to tak dobře!

A v kameni a zlatě rodícího se a osvěženého města uprostřed Evropy se podepíše i budoucí čas, jako ten dávno minulý.

Město, jako je Praha, přece „i pekla hrůzy slavně překoná", jak věštila kněžna Libuše. Války, boje, okupace...

A je pořád tady. Den ze dne krásnější.

Taková ať Praha navěky zůstane.

JAN CIMICKÝ

Strahovský klášter a zahrady pod Petřínem • The Strahov monastery and gardens of the Petřín hill • Kloster Strahov und Gärten unterhalb des Laurenziberges (Petřín) • L'abbaye de Strahov et les jardins sur les côtes de Petřín • Monasterio de Strahov y los jardines bajo Petřín • Il Monastero di Strahov con i giardini sotto il Petřín • Страговский монастырь и сады под Петржином

Reprezentativní křídlo Pražského hradu – sídlo prezidenta republiky • The representative leaf of Prague Castle is residence of the Czech president • Der repräsentative Flügel der Prager Burg – Sitz des Präsidenten der Republik • L'aile de représentation du Château de Prague – siège du président de la République • Salas de representación del Castillo de Praga – sede del Presidente de la República • L'ala rappresentativa del Castello di Praga – sede del Presidente della Repubblica • Парадное крыло Пражского Града – резиденция Президента республики   >

Narodil jsem se v Praze a Prahu svého dětství mám nezapomenutelně před očima. Prahu dvacátých let. Hlavně tu sváteční – z nedělních rodinných procházek. Třeba na Vyšehrad. Tam mě ovšem nejvíc zaujalo, jak ten Horymír na svém bělouši tu hradbu přeskočil. A už jsme odcházeli, v proudu lidí, když mi to nedalo a ještě jsem k té zdi zaběhl, podívat se, jak se mu asi letělo dolů do řeky. A tak jsem se poprvé svým rodičům ztratil. Ale hodní lidé mi pomohli dostat se domů. A pak co nevidět jsem dostal chuť vydat se do města na vlastní vrub. To jsem ještě nechodil do školy. A maminka pak známým vyprávěla, jak už byla tma – a já se nevracel – a už mě chtěli dát hledat policií – když jsem se objevil „jakobynic" – a když se mne s pláčem a rukama sepjatýma ptala: „Proboha, Radošku, kde jsi byl?" – já „jakobynic" jsem řekl: „No, na Václaváku."

A pak, už jako školák, jsem s jedním spolužákem začal po Praze „cestovat". Se svačinou v kapse jsme vyráželi nazdařbůh, kam nás oči vedly – a dodnes vidím třeba tu volnou stráň pod Karlovem, spadající do nuselského údolí – měli jsme tehdy pocit, že jsme až na kraji světa. Pozdější gymnaziální vycházky byly pochopitelně cílevědomější a obsažnější. A tak začala Praha pomalu být taková „naše stará známá". S možností vycestovat došlo na poznání i jiných metropolí – krásných, nádherných – a přece těm městům do široka rozloženým v rovinách jaksi něco chybělo. Ano, to naše kopcovité panoráma! V tomhle může s Prahou soutěžit jen Řím. Však také jeden náš známý, režisér – Angličan, když jsme ho s mou ženou provedli Prahou, přiznal, že dosud považoval za nejkrásnější město v Evropě Řím – ale teď váhá, není – li to Praha!

A tento okouzlený turista nás přivedl na myšlenku: co kdybychom i my, když tak lačně prohlížíme cizí města, vstoupili jednou i do Prahy jako turisté do neznámého města?! A tak jsme skutečně znovu objevovali Prahu. Poprvé v životě (!) jsme třeba vystoupili s turisty na věž Staroměstské radnice – nebo na Prašnou bránu – a byli jsme vskutku uchváceni novými pohledy a rozhledy. Vstupovali jsme do památných budov, které jsme dosud jen obcházeli. K novým objevům při chůzi ulicemi stačilo někdy jen pozvednout oči! K tomu nás totiž přiměla naše vnoučata, která se při hovoru s dospělými musela samozřejmě dívat vzhůru, jenže nad našimi hlavami viděla třeba fasády domů a ptala se: dědečku, co jsou tamhlety hezký věžičky?, a co znamenají tamty

obrázky na zdi?, a co ty sošky?, a viď, že to mají ty lidi, co tam bydlí, pěkně udělaný?!... A já, rozený Pražák, který tudy prošel snad stotisíckrát, jsem si konečně všiml té krásy, kterou většina z nás očima míjí. Herci většinou vědí, jak důležité pro život na scéně je pravidlo: dívat se a vidět! Nestálo by nám všem za to, přenést takové pravidlo z jeviště do života?

A dobrou nápovědou, jak se dívat a vidět – jsou jistě i díla lidí mimořádně k tomu nadaných, tvůrců obrazů všeho spatřeného, jako jsou malíři nebo fotografové, kteří vidí a obrazem naštěstí i zachytí, co my vidět ani nestihneme. Buďme jim vděčni! Zvláště když Prahu, jak jsme si řekli, opravdu milujeme.

Ovšem – básník Holan nám říká, že „opravdivý milenec neuzavře příměří s podobiznou"! A tak ani opravdový milovník Prahy se nespokojí s pouhou pohlednicí – a tedy ani nádhernou sbírkou zaznamenaných pohledů od těch, kteří nesporně umějí dívat se a vidět. Ano? Ale ano! O to právě jde! Nemluví to proti této knize, ale pro ni.

Věřím, že kniha Zlatá Praha bude jistě pro mnohé dobrou a podnětnou zprávou o kráse, která tu je – a je k vidění, pro jiné i krásnou připomínkou již viděného, a snad pro všechny pozváním, aby vyšli do ulic tohoto města s očima otevřenýma a přesvědčili se, že je tu možno vždycky vidět i krásu dosud nevídanou!

Radovan Lukavský, herec

Pravidelná střídání hradní stráže patří k vyhledávaným atrakcím • The regular changing of the Castle guard is very attractive • Der regelmäßige Wachwechsel der Burggarde gehört zu den am häufigsten besuchten Sehenswürdigkeiten • La relève de la garde du Château attire de nombreux spectateurs • El cambio de la guardia del Castillo atrae siempre a los turistas • Il rilevamento delle guardie del Castello è un' attrazione molto ricercata • Смена караула на Пражском Граде принадлежит к любимым зрелищам жителей и посетителей Праги

Gotický Vladislavský sál na Pražském hradě – památné místo českého státu • The gothic hall Vladislavský of Prague Castle – an important monument of the Czech state • Der gotische Vladislav-Saal auf der Prager Burg – denkwürdiger Ort des tschechischen Staates • La salle Vladislav de style gothique au Château de Prague – lieu mémorable de l'Etat tchèque • Sala de Vladislao del Castillo de Praga – lugar conmemorativo del Estado checo • La sala gotica di Vladislav nel Castello di Praga – un luogo memorabile dello Stato ceco • Готический Владиславский зал Пражского Града – памятное место чешского государтства

Karlův most – vstupní brána na Malou Stranu • The Charles bridge is the entrance to Lesser Town • Die Karlsbrücke – Tor zur Kleinseite • Le pont Charles qui permet d'accéder au quartier de Malá Strana • Puente de Carlos – entrada en la Ciudad Pequeña • Il Ponte Carlo – la porta d'entrata a Malá Strana • Карлов мост – символические ворота Малой Страны

Katedrála sv. Víta – část interiéru chrámové lodě • The St.Vitus cathedral – part of the interior of the nave • Kathedrale St.Veit – Teil der Inneneinrichtung des Kirchenschiffs • La cathédrale St-Guy – une partie de l'intérieur du vaisseau principal • Catedral de San Vito – parte del interior de la nave • Cattedrale di San Vito – una parte della nave centrale • Собор св. Вита – часть интерьера нефа

Hlavní loď katedrály sv. Víta • The main nave of the St.Vitus cathedral • Das Hauptschiff des Veitsdoms • Le vaisseau principal de la cathédrale St-Guy • Nave principal de la Catedral de San Vito • La nave centrale della Cattedrale di San Vito • Главный неф собора св. Вита

Ráno 2. ledna 1990 jsem s přítelem nejdražším vyrazil na procházku Nerudovou ulicí směrem k Hradu. V městě vládlo ono zvláštní rozptýlené světlo, mlha s pošmournem, difuze jemného prachu a par, dávajících naděje, že vyjde slunce. Světlo ukolébávající a uklidňující, avšak nikoliv uspávající. Stoupali jsme kolem Hansturkovského domu i kolem domu, kde jsem kdysi bydlel, kolem domu U Zlaté číše, kolem hospod U Bonaparta a Dvou Sluncí, když jsme zabočili na hradní rampu. Uklidněni, v dobré víře i míře. Domníval jsem se, že už mám vyhráno. Přišla chuť na cigaretu; zapálil jsem si ji, opřel se o granit zábradlí a pohleděl dolů. Pak to přišlo – past. Spatřil jsem totiž město pod sebou. Procitajícího Sv. Mikuláše a Národní divadlo, památník na vrchu Vítkově, tušenou křivolakost Starého Města, řeku, jejíž jméno v keltštině znamená Divoká, Emauzy, mosty a malostranské střechy, jejichž komíny začínaly pomalu chrlit smrdutý, avšak v tom okamžiku milovaný dým, v jehož odéru bylo cítit teplo, dobro, klid. Petřín, Strahovský klášter, nade mnou Schwarzenberský palác a monolit Pražského hradu. Past sklapla a já brečel a brečel a brečel. Byl jsem ždímán. Přítel se taktně otočil a čekal, až městu splatím dluh za svou namyšlenost, že bych na ně mohl vyzrát.

Sauna slz skončila. Bylo to jen pár kroků k Hradu, když smogem problesklo slunce. Na Hradčanském náměstí mě město po slzné oběti stisklo znovu. Láskou, vroucností a slovy: „Vítej, synáčku, jsi doma, už se ti nemůže nic stát."

Chcete ještě nějaké vyznání?

Martin Štěpánek, herec

Katedrála sv. Víta – vzácná Svatováclavská kaple s náhrobkem sv. Václava • The St.Vitus cathedral – the precious chapel of St.Wenceslas with his tombstone • Kathedrale St.Veit – die wertvolle Wenzelskapelle mit dem Grabmal des hl. Wenzel • La cathédrale St-Guy – la magnifique chapelle St-Venceslas avec le sépulcre de saint Venceslas • Catedral de San Vito – preciosa Capilla de San Venceslao con su sepulcro • Cattedrale di San Vito – la preziosa Cappella di San Venceslao con la tomba di San Venceslao • Собор св. Вита – редкостная Святовацлавская капелла с надгробием св. Вацлава

Bylo to za války, asi rok po heydrichiádě, když mě můj strýc Pepa vzal s sebou do Prahy na fotbalový zápas Sparta – Slavia. Jeli jsme přeplněným rychlíkem, ale ten stejně stavěl téměř v každé stanici. Chodil jsem tenkrát do druhé měšťanky, ale připadal jsem si jako pantáta Bezoušek, když se vlak plížil krokem přes Vysočany na Hlavní nádraží.

„Tak tady je tedy Praha!", řekl jsem si v duchu. A pak jsem uviděl první tramvaj. Prahu jsem do té doby znal jen z filmového žurnálu, z fotografií v novinách a Hradčany jsem měl barevně vyvedené na penále, kde jsem nosil tužky a žlutou žíhanou násadku s perem.

A pak jsem do Prahy přijel těsně po revoluci v pětačtyřicátém pro tatínka, který jel na kole víc než 140 km, aby bojoval na barikádách.

Po těchto dvou návratech z Prahy k nám domů jsem musel klukům vyprávět, co všechno jsem viděl a zažil – no, jak říkám – pantáta Bezoušek.

A pak se valil čas jako Vltava pražskými jezy a stal se ze mne Pražák. Dnes se už nebráním, že jsem vlastně z venkova, když mi někdo, většinou ironicky, vyčítavě řekne – „no jó, vy Pražáci, co to tam v tý Praze děláte, koukejte to dát do pořádku...", atd., atd., atd...

Tolik slov už o Praze bylo řečeno, napsáno, že se stydím přidávat k nim další. Ustýskal bych se, kdybych věděl, že z ní musím odejít, umřel bych, kdybych věděl, že se do ní už nikdy nepodívám – do té krásné, proklínané, špinavé, trpící, trápící se, mučené a znovu se neustále rodící, milované, tak do srdce vrostlé Prahy.

Luděk Munzar, herec

Katedrála sv. Víta – detail s chrliči • St. Vitus cathedral – details with gargoyles • Veitsdom – Teilansicht mit Speier • La cathédrale St-Guy – détail avec gargouilles • Catedral de San Vito – detalle de gárgolas • Cattedrale di San Vito – un particolare con doccioni • Собор св. Вита – деталь с водостоками

PRAGA CAPUT REGNI

When the golden Sun had lost one of its golden rays during the celestian travelling, the most excellent artists created a town of it.

This town is still called the Golden Prague. Perhaps for its silhouette that remember us the shinning glare of churches and temples, pointed towers and pinnacles of palaces, showing up the quiet surface of the solemn river. The centuries have been passing through spring gardens and parks in blossom, hot and sultry storms in summer, in autumn melancholy of dropping leafage and in winter days covered by snow.

Prague is a town that fascinates you for the whole life. I have passed many towns, have tried on their pavement and have been given in to their beauties, but none of them has attracted me like my native town, full of natural and tender charm. I would not replace it by any other.

I can imagine the very young prince Charles coming from Paris, where he had grown up, how he was planting the first Bourgogne vines on sunny slopes, and how he tested wine from a pewter cup, and how he was dreaming and perhaps writing poems. How must he have loved this town when it was expanding before his eyes! What a speaking testimony of bright spirit!

Prague recuperated each time, even it had been burnt by any mushrooming fire, martial or accidental. Everytime, the town resurrected again. This fascinating medieval Prague where the famous scholar rabbi Jehuda Lőw ben Bezalel created Golem. Never mind, it is only a legend. The esteemed emperor Rudolf II lived here too. He was of an extraordinary strange spirit, a keen collector and an adorer of arts. This emperor arranged a great gallery of the most precious jewels of graphic and plastic arts and he attracted the most famous scholars, mathematiciens and astronomers like Kepler and Tycho de Brahe to his court. He dreamed about the discovering of mysteries of the Universe and about harmony in a human being. He walked through the Hart valley (Jelení příkop) in his happy days and he refreshed himself with beer from his royal brewery of Krušovice here. He hankered for knowledge and looked for toleration.

And this Rudolphian age in a Renaissance array! It turned in contemporary life, usual human needs and dreams, experiences and pleasures. But Prague was afflicted by the suffering and the national defeat after the lost battle of the White Mountain (Bílá Hora). Many bright spirits of the Czech nation were executed and the others (like Jan Amos Comenius) had to leave their fatherland.

But Prague resurrected again and cheered up. It was sufficiant when the fidgety of Mozart composed the opera Don Giovanni in Bertramka. Prague is also town of music and theatre.

Oh, I would like to discontinue the time and to return to my childhood only for a while. Or to the remote time of the beginning of this century. To first tramways and balloons flying above heads, to the tome of charming ladies and grave gentlemen walking slowly on promenades.

But the town has got lovely in the latest years. Renovated facades of houses, open passages and illuminated shop – windows replaced rust – stained blinds, dropped down. Many pubs, taverns, cafés and tea-rooms are developing. The world has been changed like in a fairy tale about the Sleeping Beauty. It seems to be a waving of a magic wand. The world has changed and it will continue the changing.

And it is so good!

In the proper heart of Europe, the future time will be impressed to stone and gold of a renovated town as well as to bygone time.

The Golden Prague is always more beautiful day by day. Let the town remain like this for ever.

Jan Cimický

Socha sv.Jiří na třetím hradním nádvoří • The St.George equestrian statue on the third courtyard • Reiterstatue des hl. Georg auf dem dritten Burghof • La statue de saint Georges sur la troisième cour du Château • Estatua de San Jorge en el tercer patio del Castillo de Praga • La statua di San Giorgio sul terzo cortile del Castello • Статуя св. Йиржи (Георгия) на Третьем дворе Града   >

Pražský hrad je symbolem české státnosti již od 9. století • Prague Castle has been a symbol of Czech state since the 9th century • Die Prager Burg – bereits seit dem 9. Jahrhundert Symbol der tschechischen Staatlichkeit • Le Château de Prague symbolise l'Etat tchèque depuis le 9e siècle • Castillo de Praga – símbolo del estado checo ya desde el siglo IX • Il Castello di Praga è simbolo dello Stato ceco già dal 9° secolo • С IX века Пражский Град стал символом чешской государственности   >>

Na repertoáru Velkopopovické Kozlovky máme i jedno tzv. slovenské tango. Turista ze sousední země v něm svojí libozvučnou mateřštinou opěvuje krásy naší metropole. Mimo jiné se zde zpívá doslova: „Praha je krásná pod Petrínom, prikrytá hviezdnym baldachýnom. Je ako jeseň, čarovná pieseň, ktorá mi hydinovú kožu vyvoláva. Z krásy, čo dáva, krúti sa hlava, krajšia je prisámbohu iba Bratislava.“

S těmi půvaby měst je to nejspíše velice relativní. My Brňáci samozřejmě přísaháme na nenapodobitelný šarm toho našeho „štatlu“, ale necháváme si to, až na výjimečné případy, víceméně pro sebe. Jestliže ale od návštěvníků z celého světa – a jsou mezi nimi kolikrát i velice zcestovalí lidé – neustále slyšíme mluvit o Praze výhradně v superlativech, něco na tom určitě bude. Ostatně právě listujete v knize, která by měla osvěžit i unavený zrak nás, kteří v ní – v té stověžaté matičce – momentálně žijeme. Pokračujte v listování a pokochejte se kouzlem české metropole, viděné navíc očima exilového Slováka, našeho Karolka. Mezi námi – to se mu to fotografovalo!

Eduard Hrubeš, moderátor a kapelník Velkopopovické Kozlovky

Zahrady Pražského hradu • Gardens of Prague Castle • Die Gärten der Prager Burg • Les jardins du Château de Prague • Jardines del Castillo de Praga • Giardini del Castello di Praga • Сады Пражского Града

Letní pohled z Malostranské Mostecké věže • Summer view from the Lesser Town bridge tower • Sommerlicher Ausblick vom Kleinseitner Brückenturm • Prague estivale vue du haut de la tour de pont de Malá Strana • Una imagen de verano desde la Torre de la Ciudad Pequeña • La veduta estiva dalla Torre del Ponte Carlo di Malá Strana • Летний вид с малостранской Мостовой башни

Když jsem v dětství s kamarádem Jakubcem pásal na Valašsku kozy a byl jsem ještě zdaleka ne-dovyvinutý, vyvolávalo ve mně slovo Praha představu jakési svaté vznešenosti. Takový mišmaš pojmů, odposlouchaných v rodině i ve škole, povznášel mé vize do oblasti snů a neskutečna: „Vyšehrad a věštba Libušina, Horymír a Šemíkův skok, matička Praha, stověžatá matka měst, Pražský hrad, chrám svatého Víta...“

V necelých svých čtrnácti letech jsem se z vůle rodičů a Boží do Prahy přistěhoval.

Po prošmejdění všech krás tohoto skutečně nádherného města jako by si Miss World – světová královna krásy – odlíčila svůj make-up a pohltila mne svou realitou.

Ani pak nepřestávala být krásná. Jenom se v ní trochu nesnadno žije. V ní i s ní!

Ostatně jako asi s každou královnou, královnu krásy nevyjímaje.

Vlastimil Brodský, herec

Italská zahrada Valdštejnského paláce, v pozadí Pražský hrad • Italian garden of Wallenstein palace, Prague Castle is on background • Der italienische Garten des Palais Waldstein, im Hintergrund die Prager Burg • Le jardin à l'italienne du palais Wallenstein avec le Château de Prague au second plan • Jardín italiano del Palacio de Walenstein, al fondo Castillo de Praga • Il giardino italiano del Palazzo di Wallenstein con il Castello di Praga sullo sfondo • Итальянский сад Вальдштейнского дворца, на заднем плане Пражский Град

Praha je Praha, páni, dámy,
Praha je Praha, matka měst.
Pokloňte se jí spolu s námi,
smekněte na počest.

Praha je Praha, každý vidí,
Praha je Praha, prostě skvost.
Praha je Praha, město lidí,
Praha má budoucnost!
Jiří Žáček, básník

Pohled na malostranské střechy z věže chrámu sv. Mikuláše • View on Lesser Town roofs from the St. Nicholas tower • Blick auf die Dächer der Kleinseite vom Turm der St.-Niklas-Kirche • Les toits de Malá Strana vus du haut du clocher de l'église St-Nicolas • Una vista de los tejados de la Ciudad Pequeña desde la torre de San Nicolás • Panorama di tetti di Malá Strana dalla torre di San Nicola • Вид на малостранские крыши с башни св. Микулаша

Kaple Všech svatých – Starý královský palác Pražského Hradu • The chapel of All Saints – the Old royal palace of Prague Castle • Allerheiligenkapelle – der Alte Königspalast der Prager Burg • La chapelle de Tous-les-Saints – le Vieux palais royal du Château de Prague • Capilla de Todos los Santos – Palacio Real del Castillo de Praga • La Cappella di Tutti i Santi – il vecchio Palazzo Reale del Castello di Praga • Капелла всех святых – Старый королевский дворец Пражского Града

Arcibiskupský palác na Hradčanském náměstí • The Archiepiscopal palace on Hradčanská Square • Das Erzbischöfliche Palais auf dem Hradschiner Platz • Le palais archiépiscopal de la place de Hradčany • Palacio del Arzobispo en la Plaza de Hradčany • Il Palazzo dell' Arcivescovo sulla Piazza del Castello • Архиепископский дворец на Градчанской площади

Měl jsem tu čest navštívit ateliér pana Benického. Po zemi byly rozloženy fotografie této knížky. Díval jsem se do různých zákoutí Prahy. Říkal jsem si, to je krása – na tohle místo se musím jít podívat. Povídal jsem si s panem Benickým ve slovenském jazyce a i ta slovenská řeč bylo měkké pohlazení a něžnost. Přišel ze Slovenska a dál nám objevuje Prahu. Děkuju za to.

S jeho posledními knížkami jsem procestoval Čechy, Moravu, Slovensko, podíval jsem se do očí koní na dostihové dráze před i po vítězství, na jejich práci na polích i v lese. Mám rád přírodu, ale jeho pohled mou lásku k ní umocňuje.

Za to také děkuju.

Petr Haničinec, herec

Ledeburská zahrada dokládá mistrovství českých barokních sochařů • The Ledeburk garden is a masterpiece of Czech baroque sculptors • Der Ledeburg-Garten als Beweis der meisterlichen Fähigkeiten der tschechischen Bildhauer des Barock • Le jardin Ledebour témoigne de l'art des sculpteurs baroques tchèque • Jardín de Ledeburgo es prueba de la maestría de los escultores barrocos checos • Il giardino Ledeburská prova la maestria degli scultori cechi del Barocco • Ледебургский сад – свидетельство мастерства скульпторов чешского барокко

Ledeburská zahrada pod Pražským hradem – jedinečný skvost barokní zahradní architektury • The Ledeburk garden below Prague Castle is an unique jewel of baroque garden architecture • Der Ledeburg-Garten unterhalb der Prager Burg: einzigartiges Juwel barocker Gartenarchitektur • Le jardin Ledebour au pied du Château de Prague – un chef-d'oeuvre de l'architecture des jardins baroque • Jardin de Ledeburgo bajo el Castillo de Praga – una joya singular del ajardinamiento barroco • Il giardino Ledeburská sotto il Castello di Praga – la gioia unica dell architettura barocca • Ледебургский сад под Пражским Градом – уникальный шедевр барочной садовой архитектуры

Nevlastním auto, nemám počítač, zato jsem majitelem speciálního psacího stolu s dvaceti sedmi zásuvkami. A na něm kralují některé neodmyslitelné knihy a příručky o Praze. Vždy, když odepisuji čtenářům, zákazníkům a také mým rozhlasovým posluchačům, připisuji z nich něco z Prahy, či o ní. V těchto knihách najdu vždy tolik informací, zajímavostí a „drbů", že sebemenší opsání čili ocitování uvádí pak čtenáře, kterým jsou řádky určeny, v úžas – a já, jako jejich pisatel, vypadám pak velice učeně. Doma mám doslova stovky knih o Praze. Odborné, populárně vědecké, umělecké, obrazové, povídky, velké básnické sbírky, knihy velké, menší, kolibří, vázané, kartonované, brožované... Jako rodilý knihkupec a Pražák z Hanspaulky jich nikdy nebudu mít dost. Nyní se k nim přiřadí další – je to „obrazovka" nadšeného fotografa, autora uměleckých obrazových knih, milovníka pražských zákoutí Karola Benického s texty mého přítele od dětství – Honzy Cimického, kluka z Hanspaulky...

Oběma držím palce, autorovi mnoho dalších tvůrčích nápadů, knize další a nové ctitele.

Vratislav Ebr, knihkupec

Veletržní palác, Národní galerie – pohled do sbírky francouzského umění • The Trade fair palace, the National gallery – the sight to the collection of French arts • Ausstellungspalais, Nationalgalerie – Sammlungen französischer Kunst • Le palais des Foires, la Galerie nationale – collection de l'art français • Palacio de Ferias, Galería Nacional – colección del arte francés • Il Palazzo delle Ferie (Veletržní palác), Galleria Nazionale – collezioni dell'arte francese • Дворец ярмарок. Национальная галерея – вид на экспозицию французского искусства

Veletržní palác – obraz „Kleopatra" Jana Zrzavého • The Trade fair palace – the picture of Cleopatra by Jan Zrzavý • Ausstellungspalais – das Gemälde „Kleopatra" von Jan Zrzavý • Le Palais des Foires – Cléopâtre, oeuvre de Jan Zrzavý • Palacio de Ferias – cuadro „Cleopatra", obra de Jan Zrzavý • Il Palazzo delle Ferie – il quadro „Kleopatra" di Jan Zrzavý • Дворец ярмарок – картина Яна Зрзавы „Клеопатра"

Velká dvorana Veletržního paláce • The big assembly hall of the Trade fair palace • Grosse Halle des Ausstellungspalais • Le grand vestibule du Palais des Foires • Gran vestíbulo del Palacio de Ferias • Vestibolo del Palazzo delle Ferie • Большой зал Дворца ярмарок

Socha Ivana Meštroviče v areálu zámeckého parku na Zbraslavi • The statue of Ivan Meštrovič in the park of the Zbraslav chateau • Statue von Ivan Meštrovič im Schlosspark zu Zbraslav • La statue d'Ivan Meštrovič au parc du château de Zbraslav • Estatua de Ivan Meštrovič en el recinto del parque del castillo de Zbraslav • La statua di Ivan Meštrovič nel parco del castello di Zbraslav • Статуя Ивана Мештровича в парке Збраславского замка

Staroslavné Karolinum – pohled do interieru • The venerable Carolinum – sight to the interior • Das alt-ehrwürdige Carolinum – Blick auf das Interieur • Carolinum – intérieur de l'édifice de l'université ancienne et glorieuse • Famoso Carolinum – vista al interior • Il vetusto Karolinum – veduta dell' interiore • Знаменитое Каролинум – вид интерьера

Událo se to všechno asi tak. Kdysi dávno mně kolega herec říkal, že mi Praha bude jednou ležet u nohou. A tak jsme jí prošli Nerudovkou přes pár hospůdek – zastavili jsme se U Bonaparta, U Dvou slunců atd., atd. V povznesené náladě jsem se vracel asi ve tři hodiny ráno přes Zlatou uličku domů. A já, se svou postavičkou, jsem se tady cítil jako doma.

Až jednou budu starý a na zaslouženém hereckém odpočinku, tak bych si přál, aby mi magistrát umožnil koupi malého domečku ve Zlaté uličce. A pak budu k sobě na dobrý pohárek vínka zvát své přátele: Pana režiséra Juraje Jakubiska, Pana fotografa Karola Benického, nakladatele a Pana malíře Reona. Budeme jen tak sedět u okýnka a obdivovat děvčata. Příslušnice a příslušníky cizích národů, jak se procházejí pod okny. A budeme mudrovat, komu ta Praha vlastně patří.

Jiří Krytinář, nejmenší herec (120 cm) v České republice

Zlatá ulička – trpasličí domečky z doby císaře Rudolfa II. • The Golden Line – miniature little houses from the era of the emperor Rudolph II • Das Goldene Gässchen – winzige Häuser aus der Zeit Rudolf II. • La Ruelle d'Or – les maisons miniatures du temps de Rodolphe II • Callejuela de Oro – casas enanas de la época de Rodolfo II • La Viuzza d'Oro – casette "di nani" dell' epoca di Rodolfo II° • Золотая (Злата) улочка, ошибочно прозванная улицей алхимиков. Карликовые домики эпохи императора Рудольфа II

Pasáž Myslbek Na Příkopě • The Myslbek passage in the street Na Příkopě • Die Myslbek-Passage in der Strasse Am Graben (Na Příkopě) • Les galeries marchandes Myslbek de la rue Na Příkopě • Pasaje Myslbek en la calle Na Příkopě • Il passaggio Myslbek in via Na Příkopě • Пассаж „Мыслбек" на ул. Пржикопы <

Václavské náměstí – památné místo Prahy • Wenceslas Square is a memorable place of Prague • Wenzelsplatz – ein denkwürdiger Ort Prags • La place Venceslas – un lieu mémorable de Prague • Plaza de Venceslao – lugar histórico de Praga • La Piazza San Venceslao – un luogo memorabile di Praga • Вацлавская площадь – памятное место чешской столицы <<

PRAGA CAPUT REGNI

Als die goldene Sonne auf ihrer Reise über das Firmament einen ihrer goldenen Strahlen verlor, schufen die besten Meister daraus eine Stadt.

Bis heute wird diese Stadt das Goldene Prag genannt, wohl auch deshalb, weil sie in ihrer Silhouette voller Poesie schimmernden Glanz verbreitet, der von ihren Kirchen und Domen, spitzen Türmen und kleinen Türmchen zahlreicher Paläste ausgestrahlt wird, um dann in dem ruhigen Wasserspiegel des mächtigen Flusses reflektiert zu werden. Hier verstrichen die Jahrhunderte in ihren blühenden Gärten und Parks im Frühjahr, den heißen und schwülen Gewittern im Sommer, in der Melancholie des herabfallenden Laubes im Herbst und dem weißen Kleid im Winter.

Prag, eine Stadt, die dem Besucher unter die Haut geht. Ich habe viele Städte besucht, ihre Pflaster gerochen und ihre Schönheit bewundert, aber keine Stadt hat eine solch natürliche Anmut und empfindliche Seele wie diese, wo ich geboren wurde. Und gegen keine andere Stadt würde ich die meine tauschen.

In meiner Phantasie lebt der kleine Prinz Karl auf, wie er aus Paris kommt, wo er heranwuchs und erwachsen wurde, wie er an den sonnenverwöhnten Hängen die ersten Burgunder – Weinstöcke pflanzt, wie er diesen Wein aus einem Zinnbecher probiert und dabei träumt und vielleicht auch Verse schreibt. Wie muss er diese Stadt geliebt haben, die unter seinen Händen wuchs! Beredsames Zeugnis des Reichtums der Seele.

Prag erwachte jedes Mal aufs Neue zum Leben, welches Feuer auch immer diese Stadt erfasst hatte – Krieg oder Zufall; selbst dann, wenn sich die Feuersbrunst wie eine Lawine durch die Stadt wälzte – die Stadt stieg jedesmal aus der Asche. Das faszinierende mittelalterliche Prag, wo der namhafte Gelehrte Rabbi Jehuda Löw ben Bezalel seinen Golem schuf. Wen stört es schon, dass es nur eine Legende ist? Aber hier lebte auch der angesehene Kaiser Rudolf II., dieser besondere Geist eines Gelehrten, Kunstsammlers und Kunstfreundes. Er war es, der die berühmte Galerie der wertvollsten Stücke der bildenden und Bildhauerkunst begründete und an seinen Hof die berühmtesten Astronomen, Mathematiker und Gelehrten jener Zeit holte, zu denen Kepler und Tycho de Brahe zweifellos gehörten. Er wünschte sich nichts sehnlichster, als die Geheimnisse des Weltalls zu lüften und die Harmonie im Menschen verstehen zu lernen. Hier wandelte er in glücklichen Zeiten den Elchgraben (Jelení příkop) entlang, hier labte er sich am Bier aus seiner Königlichen Brauerei Krušovice. Er strebte nach Erkenntnis und suchte Toleranz.

Und dieses Rudolfinische Zeitalter! Im Gewand der Renaissance, zugewandt aber eher dem Leben der Zeitgenossen und den tagtäglichen Wünschen der Menschen mit ihren Bedürfnissen, Erlebnissen und Freuden. Und das Prag jener Zeit, heimgesucht von Qualen und betroffen von nationaler Erniedrigung, als führende Intellektuelle des tschechischen Volkes einen Kopf kürzer gemacht wurden nach der verlorenen Schlacht am Weißen Berg und geistige Führer wie Jan Amos Komenský ihre Heimat verlassen mussten.

Aber immer wieder kam die Stadt zur Besinnung und zeigte ihr strahlendes Gesicht. Es genügte, dass das ruhelose Genie Mozart in der Prager Villa Bertramka seinen „Don Giovanni" komponierte. Das musikalische Prag und das Prag der Theater.

Könnte man doch die Zeit anhalten, wenigstens für einen Augenblick in die Kindheit zurückkehren oder weiter zurück bis zur Jahrhundertwende. Zurück zu den ersten Straßenbahnen und Ballons, die sich über die Häupter erhoben, zurück in die Zeit anmutiger Damen und würdevoller Herren, die am Ufer lustwandelten.

Aber die Stadt ist in den vergangenen Jahren noch schöner geworden, gleichsam als ob sie sich langsam von ihren Hüllen befreite und diese abwürfe. Rekonstruierte Häuserfassaden, geöffnete Durchgänge und leuchtende Schaufensterläden, die verrostete und heruntergelassene Rollos ersetzt haben; kleine Restaurants und Cafés, Wein– und Teestuben erblicken das Licht der Welt, gleichsam als ob Pilze nach fruchtbarem Regen aus dem Boden schössen. Wie in dem Märchen vom Aschenputtel; ein Wink mit dem Zauberstab und die Welt verändert sich. Sie hat sich verändert und wird sich auch weiterhin verändern.

Und das ist gut so!

Und im Stein und Gold der erwachenden Stadt, mitten im Herzen Europas, hinterlässt auch die Zukunft ihre Spuren, ebenso wie längst vergangene Zeiten.

Das goldene Prag. Von Tag zu Tag schöner werdend.

Möge die Stadt immer in solcher Schönheit erblühen.

Jan Cimický

Denně ráno a denně večer přecházím přes jeden z pražských mostů. Denně znovu hledím na známou siluetu, kterou si turisté tak rádi fotografují. Vlastně se vždy dívám na siluety dvě – tu na strmé skále nad Vltavou, z níž bájná Libuše věštila slávu města, dnes reprezentovaného tou druhou na protáhlém kopci pod Strahovem.

Stále pevně stojí oba hrady českých králů, síla skrytá v zemi proudí mezi nimi a ovlivňuje nás všechny.

Pražský hrad i Vyšehrad se mi zjevovaly kdysi i ve vlnách nekončícího oceánu, kdy jsme na lodi pod tříbarevnou vlajkou týdny nepotkali civilizaci, a přece sní byli pevně spjati pupeční šňůrou radiových vln. Ve snech jsme vídali známé věže, vedle jižního kříže na noční obloze se zachvívalo tisíckrát známé panoráma. O silvestrovské půlnoci zaslzeli i tvrdí mořští vlci – to když z filmového plátna zněly Hašlerovy písně z filmu Zdeňka Podskalského *Ta naše písnička česká*.

Vztah českých lidí k městu na Vltavě, které se před jedenácti stoletími stalo nejvýznamnějším sídlem českého národa, neovlivní žádné proměny. Jak pravila Libuše – jeho sláva hvězd se bude dotýkati... A je jen na nás, aby se toto proroctví splnilo.

Andrea Vernerová, podnikatelka

Rudolfinum – koncertní a výstavní sály • Rudolphinum – the halls where concerts and exhibitions are held • Rudolfinum – Konzert und Ausstellungssaal • Rudolfinum – les salles de concert et d'exposition • Rudolfinum – salas de conciertos y exposiciones • Il Rudolfinum – sale di concerti e esposizioni • Рудольфинум – концертные и выставочные залы

Staroměstské náměstí v roce 1994 – účastníci Všesokolského sletu • The Old Town Square in 1994 – the participants of the Všesokolský slet • Der Altstädter Ring 1994 – Teilnehmer des Sokol-Kongresses • La place de la Vieille-Ville en 1994 – le rassemblement des membres de la fédération gymnique Sokol • Plaza de la Ciudad Vieja en 1994 – participantes de los primeror Ivegos Deportivos de Sokol despues de la Revolución de Terciopelo • La piazza della Città Vecchia nel 1994 – partecipanti al Všesokolský slet • Староместская площадь в 1994 году: участники сокольского слета

Vltava kolem Žofína vytrvalou řečí vln
vypráví staronové příběhy
První plesy vyznání
Němcová Světlá Neruda
Lidských duší zákoutí lichá sudá
Prosté motivy

Vltava jak pod drobnohledem vidí svět
kde předvídané s nečekaným
tančí něžný menuet
Veselá proměna jim prostírá koberec
Jeho květy se podobají zvonům
jež se každým novým setkáním odlévají znovu

Heda Bartíková, básnířka

Slovanský ostrov přimknutý k nábřeží u Národního divadla • Slavonic Island near the embankment of the National theatre • Die Slawische Insel (Slovanský ostrov) schmiegt sich in der Nähe des Nationaltheaters an das Ufer der Moldau an • L'Ile slave accessible du quai près du Théâtre National • Isla de los Eslavos pegada a la ribera cerca del Teatro Nacional • L'Isola Slava (Slovanský ostrov), collegata con le banchine vicino al Teatro Nazionale • Славянский остров, примыкающий к набережной Национального театра

Honosná kupole kostela sv. Františka z Assisi (1689) • The boastful dome of the St.Francis of Assisi church – 1689 • Die prachtvolle Kuppel der Kirche des hl. Franziskus von Assisi (1689) • La somptueuse coupole de l'église des Croisés (1689) • Vistosa cúpula de la Iglesia de los Cruzados de la Estrella Roja • La slanciata cupola della Chiesa di San Francesco d'Assisi (1689) • Пышный купол костела св. Франциска Ассизского (1689)

>

Detail oltáře kostela sv. Františka z Assisi při klášteře křížovníků • Detail of the altar of the church of St.Francis of Assisi • Teilansicht des Altars in der Kirche des hl. Franziskus von Assisi beim Kreuzherrenkloster • Un détail de l'autel consacré à st François d' Assise, l'église des Croisés • Detalle del altar de la Iglesia de San Francisco de Asisi junto con el Monasterio de los Cruzados de la Estrella Roja • Un particolare dell'altare della Chiesa di San Francesco d'Assisi • Деталь алтаря св. Франциска Ассизского при монастыре крестоносцев

Vznosná barokní kupole kostela sv. Mikuláše na Malé Straně • The boastful baroque dome of the St.Nicholas church • Die erhabene Barockkuppel der Kirche St.Niklas auf der Kleinseite • La magnifique coupole baroque de l'église St-Nicolas • Portentosa cúpula barroca de la Iglesia de San Nicolás • La slanciata cupola barocca della chiesa di San Nicola • Барочный купол костела св. Микулаша на Малой Стране

Pro mne, rodáka z Plzně, je velice složité definovat vztah k našemu hlavnímu městu.

Rád jezdím s rodinou na sváteční výlety a znovu se nechávám okouzlovat krásnými budovami, romantickými zákoutími i zvláštním kouzlem rušných ulic.

Tento vztah dostal jinou podobu, když jsem obdržel nabídku stát se ředitelem významného pražského nakladatelství Melantrich. Toto nakladatelství je nejstarším nakladatelským domem nejen v Praze, ale také v celé naší repuplice – letos oslaví 100 let od svého vzniku.

Má kancelář je situována v budově na Václavském náměstí v jednom z horních pater. Na Prahu teď hledím z jiné perspektivy, než jsem dosud poznal, budovy se již nezdají tak ohromné a ulice široké, přesto však neztrácí své kouzlo. Před očima mi rostou nové budovy, ty staré dostávají nový kabát, celé město se mi mění před očima, a přesto je stále stejné.

Můj vztah se také neustále vytváří, ale jedno zůstává navždy: má láska ke zlaté Praze.

Pavel Gruber, ředitel nakladatelství Melantrich a. s.

Renesanční královský letohrádek Belvedere • The royal summer palace Belveder is a Renaissance building • Das königliche Schloss Belvedere im Stil der Renaissance • Belvédère, pavillon royal de plaisance de style Renaissance • Real palacete veraniego de Belveder en estilo renacentista • Il Belvedere rinascimentale • Ренессансный королевский летний дворец Бельведер

Nové zámecké schody mezi Hradem a Malostranským náměstím • The New chateau steps between the Castle and Lesser Town Square • Die neue Schlosstreppe zwischen Burg und Kleinseitner Ring • Le nouvel escalier du Château relie le Château et la place de Malá Strana • Escalinata Nueva entre el Castillo y la Ciudad Pequeña • Le Scale Nuove del Castello tra il Castello e la Piazza di Malá Strana • Новая Замковая лестница между Градом и Малостранской площадью

Věž kostela sv. Havla ve Starém Městě • The tower of the St.Havel church in the Old Town • Der Turm der St.-Havel-Kirche in der Altstadt • La tour de l'église St-Gall de la Vieille-Ville • Torre de la Iglesia de San Havel en la Ciudad Vieja • La Torre Della Chiesa Di San Havel Nella Città Veccia • Башня костела св. Гавела в Старом Месте

Národní Museum v horní části Václavského náměstí • The National museum is in the upper part of Wenceslas Square • Das Nationalmuseum im oberen Abschnitt des Wenzelsplatzes • Le Musée national dominant la place Venceslas • Museo Nacional – parte superior de la Plaza de Venceslao • Il Museo Nazionale in un estremo della Piazza San Venceslao • Национальный музей – верхняя часть Вацлавской площади

Obrazová publikace Zlatá Praha, kterou máte před sebou, je především mým milovaným a hýčkaným dítětem u jehož kolébky jsem strávil přes tři roky. Ale bez přispění vyspělého litografického studia, jakým bezesporu Michael CLS je, by mé dítko nikdy nepřišlo zdárně na svět. Nejde jenom o studenou techniku, ale především o precizní a starostlivý vztah jejich zaměstnanců k práci.

Výsledek naší vzájemné spolupráce máte před očima.

Michael CLS je zavedené pre-press centrum se šestiletou tradicí v centru Prahy.

Karol Benický, autor knížky Zlatá Praha

Jižní fronta Staroměstské radnice s přitažlivým orlojem • The southern part of the Town Hall, the Old Town astronomical clock • Südseite des Altstädter Rathauses mit der anziehenden Astronomischen Uhr (Orloj) • La façade sud de l'Hôtel de Ville, la magnifique horloge astronomique • Fachada del sur del Ayuntamiento de la Ciudad Vieja con el carrillón astronómico • Il fronte meridionale del Municipio della Città Vecchia con il famoso Orologio • Южная сторона ратуши, притягательные староместские куранты

Nábřeží Vltavy, v pozadí Rudolfinum • The embankment of Vltava with the Rudolphinum hall • Die Ufer der Moldau, im Hintergrund das Rudolfinum • Les quais de la Vltava avec Rudolfinum au second plan • Ribera del Moldava con Rudolfinum al fondo • Il Lungomoldava con il Rudolfinum sullo sfondo • Набережная Влтавы. На заднем плане Рудольфинум   <

Karlův most – spojnice Malé Strany a Starého Města • The Charles bridge connects Lesser Town and Old Town • Die Karlsbrücke – Verbindung zwischen Kleinseite und Altstadt • Le pont Charles reliant Malá Strana et la Vieille-Ville • Puente de Carlos une la Ciudad Vieja con la Ciutad Pequeña• Il Ponte Carlo che collega la Vecchia Città con Malá Strana • Карлов мост, соединяющий Малую Страну со Старым Местом   <<

Pohled do Týnského dvora – Ungeltu • The Týn court called Ungelt • Blick in den Teynhof – Ungelt • La vue de la Cour de Týn – Ungelt • Vista al patio de Týn – Ungelt • Veduta del Cortile di Týn – Ungelt • Вид от Тынского двора, т. н. Унгельта

Staronová synagoga, jedna z nejvýznamnějších v Evropě (13. století) • The Old-New synagogue is one of the most important ones in Europe (13th century) • Die Altneusynagoge – eine der bedeutendsten Synagogen in Europa (13. Jahrhundert) • La synagogue Vieille-Nouvelle – l'une des plus célèbres d'Europe (13e siècle) • Sinagoga Vieja y Nueva – una de las más importantes sinagogas de Europa (siglo XIII) • La sinagoga Vecchia-Nuova, una delle più importanti dell'Europa (13° secolo) • Староновая синагога – одна из самых значительных в Европе (XIII век)

Týnský dvůr – Ungelt, detail • The Týn court – detail • Teynhof – Teilansicht • La cour de Týn – détail • Patio de Týn – detalle • Il Cortile di Týn – un particolare • Тынский двор – Унгельт, деталь

Arcibiskupský palác – detail průčelí • The archipiscopal palace – detail of frontage • Das Erzbischöfliche Palais – Teilansicht der Fassade • Le palais archiépiscopal – un détail de la façade • Palacio del Arzobispo – detalle de la fachada exterior • Il palazzo dell'Arcivescovo – un particolare della facciata • Архиепископский дворец – деталь фронтона

PRAGA CAPUT REGNI

Se promenant sur la voûte céleste, le soleil perdit un rayon doré: des maîtres éminents en créèrent une ville.

Celle-ci est, aujourd'hui encore, appelée Prague la Dorée, probablement du fait de sa silhouette poétique aux reflets brillants, dus à ses églises, à ses clochers, à ses flèches pointues, aux tourelles de ses palais qui se reflètent dans les eaux paisibles du fleuve majestueux. Les siècles s'écoulaient, les saisons alternaient: parcs et vergers en fleurs au printemps, orages dans la chaleur étouffante en été, mélancolie des feuiiles mortes en automne, couverture de neige blanche en hiver...

Prague, la ville qui se dissout dans nos veines. Je me suis promené dans nombre de villes, j'ai marché pedant longtemps sur leurs pavés, saisi par leur beauté. Mais aucune d'elles ne peut se prévaloir d'une grâce aussi naturelle, d'une âme aussi fragile que celle-ci, qui est ma ville natale. Pour toujours, elle sera ma préférée.

J'imagine le jeune prince Charles venu de Paris où il avait passé son enfance et son adolescence, plantant les premières vignes de Bourgogne sur les coteaux ensoleillés, dégustant le vin dans une coupe, rêvant, peut-être écrivant des vers. Combien dut-il aimer cette ville qui s'épanouit grâce à lui! Un témoignage éloquent de la richesse d'esprit.

Prague se remit à chaque fois qu'elle avait été ravagée par un incendie, soit dû à la guerre ou au hasard. L'incendie se propageait comme une avalanche et pourtant, la ville ressurgissait des cendres. Cette Prague fascinante du Moyen-Age où le'éminent savant, rabbi Jehuda Loew ben Bezalel créa son Golem. Qu'importe si ce n'était qu'une légende! Cette ville fut aussi la résidence de l'illustre empereur Rodolphe II. Esprit bizarre d'une grande culture, collectionneur passionné et amateur des arts, il réunit un remarquable musée renfermant des chefs-d'oeuvre de tous les domaines de l'art, depuis la peinture jusqu' à la sculpture, en passant par les arts décoratifs. Il accueillit à sa cour les célèbres astronomes de cette époque, Johannes Kepler et Tycho Brahé, mathématiciens et savants éminents. Il cherchait à découvrir les mystères de e' univers de même que ceux de l'harmonie de e' âme humaine. C'est à Prague qu'il connut des jours heureux en se promenant dans le Fossé aux Cerfs, en dégustant la bière de la brasserie royale de Krušovice. Il était assoiffé de connaissances et faisait preuve de tolérance.

Vêtue d'un habit Renaissance, l'époque de Rodolphe II s'orientait plutôt vers la vie, les aspirations et les besoins quotidiens de l'homme, offrant des moments de plénitude et de joie.

La période suivante vit Prague douloureuse et humiliée, car les plus grands esprits de la nation tchèque furent exécutés au lendemain de la bataille perdue de la Montagne Blanche, d'autres hommes illustres, comme Jan Amos Komenský (Comenius) durent quitter leur patrie.

Or, Prague se remettait toujours de tous ces désastres et sont visage assombri s'éclaircissait de nouveau. Il suffit que Mozart, ce génie inconstant, y achevât, dans la villa Bertramka, son opéra Don Giovanni.

A Prague, qui fut le foyer de la musique et du théâtre.

Si l'on pouvait arrêter le cours du temps et revenir, pour un moment seulement, dans notre enfance ou plus loin encore, au début de notre siècle: aux premiers tramways, aux ballons se déplaçant dans le ciel, aux dames charmantes et aux messieurs pleins de dignité se promenant d'un pas lent sur les avenues animées.

Ces dernières années, la ville s'est encore embellie, pareille à une magnifique fleur en train de s'ouvrir.

Les façades repeintes des maisons, de nombreux passages aux vitrines éclairées ont remplacé les stores de toile rouillée, jadis toujours baissées. Petits restaurants et tavernes, cafés, salons de thé apparaissent un peu partout, comme des pousses après les pluies printanières. Comme dans un conte de fées, un coup de baguette magique suffit pour changer le monde. Il continue à changer, il ne cessera de changer.

Et c'est bien ainsi!

Comme dans les temps révolus, l'avenir inscrira lui-aussi ses traces dans la pierre et l'or de la ville éveillée et rafraîchie, située au coeur de l'Europe.

Prague la Dorée. Toujours plus belle.

Qu'elle garde sa beauté pour toujours.

Jan Cimický

Zimní nálada u Sovových mlýnů • Winter mood near the Sova mills • Winterliche Stimmung auf der Kampa-Insel: U Sovových mlýnů • Les Moulins de Sova en hiver • Melancolía invernal cerca de los Molinos de Sova • Un'impressione d'inverno presso Sovovy mlýny (Molini di Sova) • Зимнее настроение возле Сововой мельницы (Сововы млыны)

Gabriel Laub blahé paměti napsal někdy v osmdesátých letech do turistického časopisu Meridian, věnovaného Praze, nepřekonatelný fejeton, v němž v době jejího nejhlubšího úpadku charakterizoval Prahu jako starou exkrálovnu, jež v bídě a potupě neztrácí svou královskou důstojnost a šarm. Četl jsem jeho článek jako čerstvý emigrant a byl jsem jím dojat k slzám. Nejen kvůli Praze, ale kvůli lásce k tomuto městu, jež starým emigrantům, jakým byl on, a novým emigrantům, jakým jsem byl já, rozdírala v exilu srdce. V exilu jsem poznal, že Prahu miluji, a nevím, co bych k tomu mohl dodat.

Vrchní pražský a zemský rabín, *Karol Sidon*

Staronová synagoga – detail stropu • Old-new synagogue – details of the ceiling • Altneusynagoge – Teilansicht der Decke • La synagogue Vieille-Nouvelle – un détail du plafond • Sinagoga Vieja y Nueva – detalle del techo • La Sinagoga Vecchia-Nuova – un particolare del soffitto • Староновая синагога – деталь потолка

Obnovené fasády barokních a renesančních paláců na Malostranském náměstí • Renovated façades of Renaissance and baroque palaces on Lesser Town Square • Erneuerte Fassaden der Barock– und Renaissancepaläste am Kleinseitner Ring • Les façades repeintes des palais Renaissance et baroques – place de Malá Strana • Las fachadas renovadas de los palacios barrocos y renacentistas en la Plaza de la Ciudad Pequeña • Le facciate ristorate di palazzi barocchi e rinascimentali sulla Piazza di Malá Strana • Реставрированные фасады барочных и ренессансных дворцов на Малостранской площади <

Světlo světa jsem uzřel v roce 1948 v Praze na Vyšehradě a právě následky tohoto fatálního roku zavály o dvacet let později můj osud z Čech až na „konec světa."

Ve francouzské Bretani, která byla ve středověku, kdy naše planeta bývala ještě placatá, považována skutečně za konec Země, jsem pak strávil celé čtvrtstoletí, než se pro mne otevřely již svobodné brány rodného města.

Od jara 1995 jsem tady na místě bývalé známé malostranské pekárny v Mostecké ulici začal budovat galerii – muzeum své „Legendy Argondie", sestřičku mé „Magické jeskyně" – muzea ve francouzském hvozdě.

Znamenitě se mi maluje i v mém ateliéru v historické části Prahy na Novém Světě. Cítím zde skutečně energetické vibrace.

Koncem roku 1993 jsem uspořádal v pražském Karolinu pro mě významnou výstavu bretaňských obrazů, která se stala opravdovým i symbolickým pilířem mého života.

Reon Argondian, malíř

Magická jeskyně malíře Reona v Mostecké ulici • The magic cave of the painter Reon in Bridge street • Die magische Grotte des Malers Reon in der Brückengasse • La grotte magique du peintre Reon, rue Mostecká • Cueva mágica del pintor Reon en la Calle del Puente • La grotta magica del pittore Reon in via Mostecká (di Ponte) • Магическая пещера художника Реона – Мостовая улица (Мостецка)

Na tebe Praho vzpomínám rád, znám tě z kalendářů, básní a vzpomínek, znám tě z diářů, jednání, prvních milostných procházek, znám tě z vyprávění cizinců, kamarádů a milenek, z historických pramenů, map a knížek, z muzeí, obrazů, znám tě i ze soch a jejich výrazu. Z touhy potkat tě znovu.

Hledám však marně, už ani nevím, v jakém to žiji městě. Měl bych přestat hledat jen kolem sebe a dát hledání jiný směr.

Petr Zrůstek, Helma v.o.s.

Proscénium Národního divadla s oponou Vojtěcha Hynaise • The proscenium of the National theatre with the curtain by Vojtěch Hynais • Das Proszenium des Nationaltheaters mit dem Bühnenvorhang von Vojtěch Hynais • Le proscenium du Théâtre National avec le rideau de Vojtěch Hynais • Proscenio del Teatro Nacional con el telòn de Vojtěch Hynais • Proscenio del Teatro nazionale con il telone di Vojtěch Hynais • Авансцена Национального театра с занавесом Войтеха Гинайса

Rušný letní den na Karlově mostě • A busy summer day on the Charles bridge • Ein lebhafter Sommertag auf der Karlsbrücke • Une journée d'été animée sur le pont Charles • Animado día de verano en el Puente de Carlos • Un animato giorno d'estate sul Ponte Carlo • Оживленный летний день на Карловом мосту

Starý židovský hřbitov v Josefově • The Old jewish cemetery in Josefov • Der Alte Jüdische Friedhof in der Josefstadt • Le vieux cimetière juif de Josefov • Viejo Cementerio Judío en Josefov • Il vecchio Cimitero ebraico a Josefov • Старое еврейское кладбище в Йозефове

>

Prahou jsem zpočátku pouze projížděl. Mnohokrát. Už jako dvouletý cvrček jsem si pamatoval železniční most přes Vltavu a tunel před tehdy ještě Hlavním nádražím při našich častých cestách do Turnova a zpět. Pravidelně jsme z Wilsonova nádraží na „Masaryčku" utíkali, abychom stihli přípoj. Za ten kousíček cesty zvládne dítě spoustu věcí - včetně toho závidět Pražákům tramvaje, do kterých se dalo naskakovat za jízdy.

Když jsem se v jedenácti letech dostal do Prahy poprvé bez rodičů, pouze se svým starším bratrem, cítil jsem se jako král. Snad i proto jsem se mu ihned ztratil.

Pěšky se ale v Praze zabloudit nedá. Leda snad zakoukat, protože je stále co obdivovat. Jako stavaře mě snad nejvíc fascinují domy. Pražské parky se i dříve každé jaro vždy zazelenaly a stromy v nich rozkvétaly, na Vltavu se slétaly labutě a lidé spěchali sem a tam. Ale pražské domy se teprve nedávno začaly probouzet z jednotvárné totalitní šedi. Teprve poté si člověk začal uvědomovat krásu věží a věžiček, balkonků, říms a ozdobných štuků.

Jako podnikatel ve stavebnictví jsem odkázán věčně na auto, spěch a zácpy.

Chtěl bych Prahou projít zase jednou pěšky...

Ing. Leoš Senjuk, ELS s.r.o., Praha 2

Hanavský pavilon v Letenských sadech • The Hanau pavilion in Letná gardens • Hanau-Pavillon in den Letná-Anlagen • Le pavillon Hanavský dans le parc de Letná • Parabellón de Hanavský situado en los jardines de Letná • Il Padiglione Hanavský nel giardino pubblico di Letná • Ганавский павильон в Летненском парке

Dům u Božího oka v Malé Štupartské • The house At the God's Eye in the street Malá Štupartská • Das Haus Zu Gottes Auge in der Strasse Malá Štupartská • La maison A l'oeil de Dieu de la rue Malá Štupartská • Casa "Ojo de Dios" en la calle Malá Štupartská • La casa dell' Occhio di Dio in via Malá Štupartská • Дом У Божьего ока на Малой Штупартской

Bazilika sv. Jakuba – nástropní fresky • The St.Jacob basilica – ceiling frescos • St.-Jakob-Basilika – Deckenfresken • La basilique St-Jacques – les fresques ornant le plafond • Basílica de Santiago – pinturas al fresco en el techo • La Basilica di San Giacomo – gli affreschi del soffitto • Базилика св. Якуба – фрески свода

Vyšehradský hřbitov se Slavínem, místo posledního odpočinku mnohých významných osobností • The Vyšehrad cemetery and Slavín, a place of repose of many important personages • Der Ehrenfriedhof von Vyšehrad, letzte Ruhestätte vieler bedeutender Persönlichkeiten • Le cimetière de Vyšehrad avec le Slavín – lieu du dernier repos de nombreuses personalités célèbres • Cementerio de Vyšehrad con Slavín – lugar del último descanso de muchos personajes importantes • Il Cimitero di Vyšehrad con Slavín, luogo dell'ultimo riposo di molti personaggi importanti • Вышеградское кладбище со Славином – местом погребения известных личностей

Lapidárium Národního Musea na Výstavišti – sousoší F. X. Lederera • Lapidarium of the National museum at Výstaviště – the group of statues by the sculptor Lederer • Das Lapidarium des Nationalmuseums auf dem Ausstellungsgelände – Skulpturengruppe von F.X.Lederer • Le Musée lapidaire du Musée national, Parc des Foires – le groupe dû à F.X. Lederer • Museo lapidario del Museo Nacional en el Parque de las Exposiciones – grupo escoltórico de F.X.Lederer • Il Lapidario del Museo Nazionale nell' Area delle Esposizioni • Собрание изделий из камня (Лапидариум) Национального музея на Выставке – скульптурная группа Ф. К. Ледерера

Kostel sv. Markéty v Břevnově – pohled na chór • The St.Margaret church in Břevnov – look at the choir •
Die Margaretenkirche in Břevnov – Blick auf den Chor • L'église Ste-Marguerite de Břevnov – la vue du
choeur • Iglesia de Santa Margarita en Břevnov – vista sobre el coro • La chiesa di Santa Margherita nel
quartiere di Břevnov – veduta del coro • Костел св. Маркеты в Бржевнове – вид на клирос

První český osobní parník Bohemia byl slavnostně spuštěn na vodu „za hojné účasti diváků a hudby" 1. května 1841 v karlínském přístavu. V pionýrských časech osobní lodní dopravy byl sjízdný jen úsek Praha – Štěchovice, po vybudování Slapské přehrady lodě dopluly až na Slapy.

Pražská paroplavební společnost byla založena v roce 1865 z iniciativy pražského obchodníka s dřívím, podějšího primátora Františka Dittricha. Od těch dob proteklo Vltavou moře vody a její hladinu brázdily parníky vznešených jmen jako Vyšehrad, Franz Josef I., Primátor Dittrich, Masaryk, Libuše, Štefánik, Litoměřice (později Maxim Gorkij), Šárka, Slavoj a další a další. Za ta léta se pražská paroplavební flotila stala miláčkem Pražanů – zejména však turistů – a neodmyslitelnou atrakcí Prahy. Bylo by proto hříchem, kdyby lodě již historické paroplavební společnosti, která si v roce 2000 připomene 135. výročí vzniku, nevypluly vstříc příštímu miléniu...

Ing. Zdeněk Vitouš, ředitel Pražské paroplavební společnosti, a. s.

„Zlatá kaplička" nad Vltavou – Národní divadlo • National Theatre – the golden chapel on Vltava • Goldene Kuppel über der Moldau – das Nationaltheater • Le Théâtre National dit „la chapelle dorée sur la Vltava" • Teatro Nacional – „Capilla de Oro" sobre el río Moldava • Il „tabernacolo d'oro" sulla Moldava – il Teatro Nazionale • Национальный театр – „Золотая часовенка" чехов

Kotviště bílé flotily Pražské paroplavební společnosti na Vltavě • The anchorage of the Prague steam navigation on Vltava • Ankerplatz der Weissen Flotte des Prager Dampfschiffsverkehrs auf der Moldau • Le poste de mouillage sur la Vltava réservé aux vapeurs des transports fluviaux de Prague • Puerto de los barcos de la "Compania Praugense de Navegación" en el río Moldava • Ancoraggio della Flottiglia bianca della Compagnia praghese di Navigazione sulla Moldava • На стоянке белой флотилии Пражского судоходного общества на Влтаве

Pražský koloběh
Všechno už bylo
minul čas na lásku
z konečné tramvaje
jdem na konec světa.
Na patře pachuť maškarád,
plesů, recepcí, rautů a poutí.
Všechny kapsy prázdné
kapesník páchne po víně.
Jsme zahořklí poutníci časem,
bezhlaví rytíři, šedé přízraky,
černí mniši...

Jen starou dlažbou
zase raší nová tráva
a odkudsi slyšíš
Mozartovu flétnu.

Jan Bauer, spisovatel

Kostel sv. Vavřince na vrcholu Petřína • The St.Laurence church on the top of Petřín • Laurentiuskirche auf dem Laurenziberg • L'église St-Laurent au sommet de Petřín • Iglesia de San Lorenzo en la cima de Petřín • La Chiesa di San Lorenzo sulla collina Petřín • Костел св. Лаврентия (Вавр542жинца) на вершине Петржина

Barokní kostel sv. Markéty v Břevnově • The baroque church of St.Margaret in Břevnov • Die barocke Margaretenkirche in Břevnov • L'église baroque Ste-Marguerite de Břevnov • Barroca Iglesia de Santa Margarita en Břevnov • La Chiesa barocca di Santa Margherita di Břevnov • Барочный костел св. Маркеты в Бржевнове   <

Vím, milá Praho, že ctitelů máš už požehnaně a lásku Ti vyznává kdekdo. Z více či méně výstižných přívlastků můžeš oplétat všechny své ulice, ale přece jeden v pletacích jehlicích chybí. Ty jsi totiž také Prahou krásných houslí – houslařskou Prahou. Slavní Mistři zhotovovali ve Tvých zdech skvostné nástroje, které mají obrovskou výhodu, že pravou pražskou krásu reprezentují v rukách skvělých interpretů po celém světě.

Milá Praho... Ano, jsi světové město houslí! Stačí se projít po Malé Straně, kde v 18. či 19. století pracovali Tvoji občané zvučných jmen – Eberle, Helmer, Strnad, Kulík. Potom přejít Karlův most až do Husovy ulice, kde vytvářel své nástroje Karel Boromejský Dvořák a na kávu se zastavit někde poblíž domů, kde pracovali slavný Ferdinand August Homolka či Antonín Sitt. To jsem, prosím, teprve na začátku „pražského houslařského okruhu".

Celý život Tě, milá Praho, díky těmto výše jmenovaným držím za Tvůj krásný štíhlý krk. Neboj se, neškrtím Tě. Jen si dovoluji na hmatník, který je na krku Tvých houslí přiklížen, vyluzovat – pokud možno – libé zvuky. Já totiž lépe vyjevit lásku neumím, a tak pevně věřím, že jsi už, Praho, pochopila: MILUJI TĚ...

Jaroslav Svěcený, Tvůj houslista

Vila Bertramka na Smíchově – památník W.A. Mozarta a manželů Duškových • The villa Bertramka in Smíchov is a monument of Wolfgang Amadeus Mozart and the Dušeks • Villa Bertramka in Smíchov – Mozart-Gedenkstätte und Wohnort des Künstlerehepaars Dušek • La ville Bertramka de Smíchov – musée consacré à Mozart et aux époux Dušek • Villa Bertramka en Smíchov – monumento de W.A.Mozart y del matrimonio Dušek • La villa Bertramka nel quartiere di Smíchov – monumento di W. A. Mozart e dei sposi Dušek • Вилла Бертрамка на Смихове – музей В. А. Моцарта и бывших владельцев супругов Душековых

Malá Strana s kopulí kostela sv. Mikuláše • Lesser Town with the dome of the St.Nicholas church • Die Kleinseite mit der Kuppel der Kirche St.Niklas • Le quartier de Malá Strana avec la coupole de l'église St-Nicolas • Ciudad Pequeña con la cúpula de Iglesia de San Nicolás • Malá Strana con la cupola della Chiesa di San Nicola • Мала Страна с куполом костела св. Микулаша

Loreta pražská na Hradčanech – kostel Narození Páně • Loretto of Prague in Hradčany – the church of the Birth of the Lord • Das Prager Loretoheiligtum in Hradčany – Kirche Christi Geburt • Notre-Dame-de-Lorette de Prague (Hradčany) – l'église de la Nativité de Jésus-Christ • Loreto de Praga en la Plaza del Castillo – Iglesia del Nacimiento de Nuestro Señor • Loreta di Praga a Hradčany – la Chiesa della Nascita del Nostro Signore • Пражская Лорета на Градчанах – костел Рождества Господня

Publikace Zlatá Praha je druhou z řady připravovaných knížek, jejichž těžiště v našem nakladatelství Art Benický tvoří umělecké fotografie. (Na sklonku loňského roku vyšla velkoryse komponovaná publikace „Země česká, domov můj...”). A co nevidět knižní trh obohatí další - připravujeme upravenou reedici poetické knížky „Krása koně” (1995) a uvažujeme o „obrazovce” nazvané „Praha - Paříž”.

Na našem trhu jsme se uvedli roku 1997 roztomilou knížkou vzpomínek na nezapomenutelného člověka, komika Jardu Štercla „76 yardů Jardy Štercla”. (Vyšla ve spolupráci s nakladatelstvím Jan Krigl). I v této memoárové edici plánujeme několik zajímavých titulů.

A na závěr - bez podpory Knižního klubu s jeho nezastupitelnou úlohou na naší kulturní scéně a knižním trhu by však všechny naše snahy zůstaly jen pěkným snem.

Matúš Benický, majitel Art Benický

Petřín z Malostranského nábřeží • View on Petřín from the Lesser Town Embankment • Blick auf den Lorenziberg vom Ufer der Kleinseite • Petřín vu depuis le quai de Malá Strana • Petřín deste la Ribera de la Ciudad Pequeña • Petřín visto dalla Piazza di Malá Strana • Петржин со стороны Малостранской набережной

Bazilika sv. Jakuba při klášteře minoritů – chrámová loď • The basilica and the monastery of St.Jacob – the nave • St.-Jakob-Basilika im Minoritenkloster – Kirchenschiff • La basilique St-Jacques du monastère des Frères mineurs – le vaisseau • Basílica de Santiago en el Monasterio de los Minoritas – nave de la iglesia • La Basilica di San Giacomo del monastero di minoriti – la nave della chiesa • Базилика св. Якова (Якуба) при монастыре миноритов – неф собора

Obecní dům s Prašnou bránou • The Municipal house with the Powder Tower • Repräsentationshaus mit dem Pulverturm • La vue de la Maison municipale avec la Tour poudrière • Casa Municipal y la Torre de la Pólvora • La Casa Municipale con la torre di Polvere • Общественный дом и Пороховая башня   <<

Drožkář – Staroměstské náměstí • A cabman in the Old Town Square • Droschkenkutscher – Altstädter Ring • Le cocher de fiacre – place de la Vieille-Ville • Cochero en la Plaza de la Ciudad Vieja • Un vetturino – la Piazza della Città Vecchia • Кучер – Староместская площадь

Staroměstské náměstí nabízí pohled na starobylá řemesla • Old Town Square offers you an exhibition of ancient handicrafts • Der Altstädter Ring bietet Einsicht in alte Handwerke • La place de la Vieille-Ville offre la présentation des métiers d'autrefois • En la Plaza de la Ciudad Vieja los artesanos presentan los oficios antiguos • Sulla Piazza della Città Vecchia si possono vedere gli antichi mestieri • Староместская площадь предоставляет возможность увидеть старинные ремесла

PRAGA CAPUT REGNI

Se cuenta que el Sol perdió un rayo dorado durante su paseo por los cielos. De él crearon los maestros más habilidosos la ciudad hasta hoy llamada la Praga de Oro, tal vez porque su silueta poética trae a la mente el brillante resplandor irradiado por las iglesias y los templos, las torres y torrecitas pontiagudas que buscan su reflejo en las aguas del majestuoso río. Así han pasado siglos dejando atrás jardines y parques salpicados de tiernas flores primaverales, las calurosas y bochornosas tormentas del verano, la melancolía otoñal de la hojarasca y la blancura de la manta invernal.

Praga, la ciudad que le penetra a uno. He visitado muchas ciudades, he sufrido su empedrado dejándome fascinar por sus bellezas, pero ninguna de ellas ostenta tanto encanto y el alma tan frágil como la mía.

Praga, ciudad donde nací y que jamás cambiaría por otra.

Imagino al jovencito príncipe Carlos, recién llegado de París donde se crió y maduró. Lo veo plantando las primeras viñas de Borgoña en las laderas soleadas, lo veo probando el vino del jarro de estaño, soñando y tal vez escribiendo versos.

¡Cuánto debía amar esta ciudad que iba creciéndole bajo sus manos! Un contundente testimonio del espíritu humano.

Quemada por incendios bélicos o casuales que la devoraban como un alud, la ciudad siempre sabía renacer sobre sus cenizas. La fascinante Praga medieval donde creó a su Golem el famoso sabio rabino Low bez Bezalel. ¡Qué importa que sea tan sólo una leyenda! Ha sido aquí donde vivió el ilustrísimo emperador Rodolfo, ese singular espíritu universal, coleccionista y amante de las artes. Creó una excelente galería de las obras más apreciadas de pintura y reunió una colección de obras maestras de escultura. Atrajo a su corte a los astrónomos, matemáticos y sabios más destacados de su época, como lo eran, sin duda alguna, Kepler o Tycho de Brahe. Ansiaba descubrir los secretos del Universo y la armonía en el ser humano. En sus días felices paseaba por el Foso de los Ciervos, aquí saboreaba la cerveza de su Real Fábrica de Cerveza de Krušovice. Deseaba alcanzar el conocimiento y buscaba la tolerancia.

La época rodolfina con su espíritu renacentista se volcaba más bien hacia la vida del hombre contemporáneo, hacia sus anhelos, necesidades, vivencias y alegrías.

Sin embargo, mi Praga vivió también momentos dolorosos de humillación nacional. Tras la batalla perdida en la Montaña Blanca fue testigo de la ejecución de la elite intelectual del pueblo checo y del éxodo de Juan Amos Comenio y otros espíritus singulares.

Pero Praga siempre ha sabido recuperarse de sus penas y alegrar su faz. Se vio hechizada por el intranquilo genio de Mozart que compuso su ópera Don Giovanni en Bertramka.

La Praga musical. La Praga teatral.

Si yo supiera parar el tiempo y volver por lo menos por algunos momentos a mi niñez o hasta un poco más lejos, a las postrimerías del siglo. Volver a admirar los primeros tranvías y globos sobrevolando nuestras cabezas, volver a ver a las graciosas damas y elegantes caballeros dando el paseo.

Durante los últimos años la ciudad se ha hecho todavía más hermosa como una semilla que va creciendo y madurando.

Las renovadas fachadas de las casas, los pasajes abiertos y relucientes escaparates en lugar de oxidadas persianas de comercios antiguos. Cervecerías y tabernas, cafés y salones de té van apareciendo y animando las calles. Como en el cuento de la Bella Durmiente, un sólo movimiento de la varilla mágica y el mundo ha cambiado.

Ha cambiado e irá cambiando. Y está bien así.

En las piedras y en el oro de la ciudad rejuvenecida en el corazón de Europa el futuro dejará sus huellas igual que en los tiempos pasados.

La Praga de Oro. Cada día más hermosa. ¡Qué así sea para siempre!

Jan Cimický

Barokní sousoší na Karlově mostě • Baroque groups of statues on Charles bridge • Barocke Skulpturengruppen auf der Karlsbrücke • Un groupe de sculptures baroques sur le pont Charles • Grupo escultórico barroco en el Puente de Carlos • Gruppo di statue sul Ponte Carlo • Барочная скульптура на Карловом мосту

Po svých předcích jsem zdědil slušnou řádku pěkných knížek a mezi nejmilejší patří dvě, které jsou asi tak staré jako já. Především je to Praha ve fotografii Karla Plicky vydaná Českou grafickou unií v Praze v roce 1940 a od Zdeňka Wirtha Stará Praha – soubor fotografií z druhé poloviny 19. století, překrásná publikace vydaná v roce 1941 nakladatelstvím J. Otty. Půl století, které uplynulo mezi jedněmi a druhými fotografiemi a porovnávání některých urbanistických skutečností skýtá zábavu téměř detektivní. Zajímavá je i změna fotografického výtvarného pojetí a techniky. Proto se téměř jako malé dítě těším na připravovanou knížku pana Benického. Od Plickovy Prahy to už bude zase téměř šedesát let a srovnávání bude opět nadmíru poutavé.

A věřte mi to nebo ne, když jsem se v padesáti stal Pražákem, vychutnal jsem si to sice opožděně, ale o to více intenzivně.

MUDr. Radim Uzel

Strahovský klášter – jedno z nejpřednějších míst mezi světovými historickými knihovnami • Strahov monastery – one of the most important world-known ancient libraries • Kloster Strahov – eine der führenden Einrichtungen unter den historischen Bibliotheken mit Weltbedeutung • L'abbaye de Strahov renferme l'une des plus remarqubles bibliothèques historiques au monde • Monasterio de Strahov – una de las más extraordinarias bibliotecas históricas del mundo • Monastero di Strahov con una delle più belle biblioteche storiche del mondo • Страговский монастырь – одно из самых значительных мест среди мировых исторических библиотек

Řekne-li se „Zlatá Praha", vybaví se mi ohromné svazky časopisu Zlatá Praha, které si občas půj-
čoval zanícený pragensista ve studovně Městské knihovny v Praze. Málokdo ví, že na Malé Straně
byla ještě do nedávna malá knihovna, v jejíchž fondech jste mohli nalézt veškeré informace o ději-
nách i současnosti Prahy – a já měla to velké štěstí, že jsem zde mohla pracovat. Každý den jsme
se dozvídali z literatury nové informace o Praze, každý den jsme vytvářeli pro čtenáře nová hesla
do katalogu, umožňujíce jim tak nalézt cestu k poznání Prahy. Věřte, že studium Prahy může trvat
i celý život! Cítím k Praze velkou úctu a ráda se s ní chlubím v cizině, kde se mi po ní stýská.
Poetické fotografie pana Benického mi opět připomínají Prahu, na kterou jsem ve svých všedních
dnech přestala mít čas.

Dr. Dana Kalinová, ředitelka veletrhu Svět knihy

Zimní nálada – staré zámecké schody na Pražském hradě • Winter impressions – the old castle steps
of Prague Castle • Winterliche Impressionen – die alte Schlosstreppe der Prager Burg • Impressions
hivernales – le Vieil escalier du Château • Melancolía invernal – Escalinata Vieja Castillo de Praga •
Un' impressione invernale: le Scale Vecchie del Castello • Зимнее настроение – старая замковая
лестница на Пражском Граде

Světlo světa jsem uzřel na Královských Vinohradech. Byli jsme pyšni na svoji čtvrť, a tak docházelo k válkám s vršovickými a žižkovskými kluky. Dnes naše vnoučata znají tyto líté boje pouze z knih, hlavně od p. Foglara.

Na Prahu nedám dopustit. Otec mě už od malička vedl k tomu, abych se uměl dívat na její krásnou historickou část. Proto mě těší, když se cizinci zastavují a Prahu obdivují. Je opravdovým skvostem, perlou Evropy. Jen ta její nemoc... Ty posprejované, poničené fasády, průchody, podchody a hlavně metro. Abys byla vskutku Zlatá a né počmáraná, zohyzděná, to bude záležet jen a jen na nás!

Miloš Nesvadba, herec a kreslíř

Kostel Panny Marie Sněžné a františkánský klášter u Václavského náměstí • The church of Our Lady and the St.Francis monastery are near Wenceslas Square • Kirche Maria Schnee und Franziskanerkloster in der Nähe des Wenzelsplatzes • L'église Notre-Dame-des-Neiges et le monastère des franciscains, situés ą proximité de la place Venceslas • Iglesia de Santa María de Nieves y el monasterio de los franciscanos cerca de la Plaza de Venceslao • La chiesa della Vergine Maria di Neve e il monastero francescano vicino alla Piazza San Venceslao • Костел Девы Марии Снежной и францисканский монастырь вблизи Вацлавской площади

Letní imprese na řece Vltavě • Summer impressions on the Vltava river • Sommerliche Impressionen an der Moldau • Les impressions estivales sur la Vltava • Una imagen de verano – el rio Moldava • Un'impressione estiva sulla Moldava • Летние впечатления на реке Влтаве

Poetická Kampa v zimě • The picturesque Kampa island in winter • Die poetische Kampa-Insel im Winter
• L'Ile poétique de Kampa en hiver • Kampa poética en el invierno • La poetica isola di Kampa in inverno
• Поэтичная Кампа зимой

Idylické zákoutí na Kampě s říčkou Čertovkou • A picturesque nook on the Kampa island with the Devils
little river (Čertovka) • Idyllischer Winkel auf der Kampa-Insel mit dem Moldauarm Teufelsbach (Čertovka)
• Un coin idyllique sur l'Ile de Kampa avec la Čertovka • Rincón idílico de la Kampa con el riachuelo Čer-
tovka • Un angolo idillico di Kampa con il fiumicello Čertovka (Diavolessa) • Идиллический уголок на
Кампе с речкой Чертовка

U dvou sluncù v Nerudovĕ ulici, dùm, v nĕmž žil spisovatel Jan Neruda • The house called At two Suns in Nerudova street. The writer Jan Neruda lived there • Das Haus Zu den zwei Sonnen (U Dvou sluncù) in der Nerudagasse, Geburtsstätte des Schriftstellers Jan Neruda • La maison Aux deux soleils de la rue Neruda où naquit l'écrivain Jan Neruda • Casa "De Dos Soles" en la calle de Neruda, casa natal del escritor Jan Neruda • La casa Di due Soli (U dvou sluncù) in via Neruda, dove visse da giovane lo scrittore ceco Jan Neruda • Дом У двух солнц в Нерудовой улице, где жил поэт Ян Неруда

Letní slavnost v Pařížské ulici • A summer fete in Paris street • Sommerfest in der Pariser Strasse • Une fête d'été dans la rue Pařížská • Fiesta de verano en la Calle de París • Una festa estiva in via Pařížská (di Parigi) • Летние торжества на Парижской улице

Tančící dům na Rašínově nábřeží je jednou z nejnovějších architektonických kreací • The Dancing house on Rašín embankment is one of the latest architectonical creations • Das tanzende Haus am Rašínkai ist eines der neuesten architektonischen Gebilde • La Maison dansante sur le quai Rašín compte parmi les créations architecturales récentes • Casa Bailarina en la Ribera de Rašín – una de las creaciones arquitectónicas más recientes • La "Casa che balla" in Via Rašínovo nábřeží è una delle più recenti opere architettoniche • Танцевальный дом на набережной Рашина принадлежит к новейшим архитектурным строениям

Lucerna – nejznámější pražská pasáž • Lucerna is the most famous passage of Prague • Lucerna – die bekannteste Prager Passage • Lucerna – les célèbres galeries marchandes de Prague • Lucerna – el pasaje más conocido de Praga • Lucerna (Lanterna) – il passaggio più famoso di Praga • Луцерна – известный пражский пассаж

Malostranská Mostecká věž Karlova mostu, kostel sv. Mikuláše a Pražský hrad • The Lesser Town tower of the Charles bridge, the St. Nicholas church and Prague Castle • Kleinseitner Brückenturm der Karlsbrücke, Kirche St. Niklas und Prager Burg • La tour du pont Charles côtè Malá Strana, l'église St-Nicolas et le Château de Prague • Torre de la Ciudad Pequeña que flanquea el Puente de Carlos, Iglesia de San Nicolás y Castillo de Praga • La Torre del Ponte Carlo di Malá Strana, la Chiesa di San Nicola e il Castello di Praga • Малостранская Мостовая башня Карлова моста, костел св. Николая (Микулаша) и Пражский Град   <

Šternberský palác – sídlo sbírek Národní galerie • The Šternberk palace housing parts of collections of the National gallery • Palais Sternberk – Sitz der Sammlungen des Nationalmuseums • Le palais Šternberk où sont conservées les collections de la Galerie nationale • Palacio de Šternberk – sede de las colecciones de la Galería Nacional • Il Palazzo di Šternberk, dove si serbano le collezioni della Galleria Nazionale • Штернбергский дворец, местонахождение коллекций Национальной галереи

Rudolfinum – interiér s oponou Gustava Klimta, Ernsta Klimta a Franze Matsche • Rudolphinum – interiors with a curtain by Gustav Klimt, Ernst Klimt and Franz Matsch • Rudolfinum – Interieur mit Vorhang von Gustav Klimt, Ernst Klimt und Franz Matsch • Rudolfinum – l'intérieur avec le rideau conçu par Gustav Klimt, Ernst Klimt et Franz Matsch • Rudolfinum – el interior con el telón de Gustav Klimt, Ernst Klimt y Franz Matsch • Il Rudolfinum – l'interno con il telone di Gustav Klimt, Ernst Klimt e Franz Matsch • Рудольфинум – интерьер с занавесом Густава Климта, Эрнста Климта и Франца Матша

PRAGA CAPUT REGNI

Quando il Sole nel suo percorso celestiale perdette un raggio d'oro, i migliori maestri ne crearono una città.

Fu la città di Praga, che fino a oggi si soprannomina la Praga d'Oro. La sua siluetta poetica fa pensare allo splendore scintillante delle sue chiese e cattedrali, delle sue torri aguzze e le torricelli dei suoi palazzi che si riflettono sulla superficie tranquilla del suo fiume maestoso. Ci si sente il passo dei secoli – nei parchi e giardini fioriti in primavera, durante le tempeste di verano soffocanti e calde, nella malinconia autunnale di foglie cadute e sotto il bianco berretto di neve in inverno.

Praga, città che penetra sotto la pelle. Ho visto molte città, ho conosciuto il loro pavimento e soffocavo dalla loro bellezza, pero nessun' altra possiede tanta grazia naturale e un' anima cosi fragile come questa, la mia, nella quale sono nato. E che non cambierei per nessun' altra.

Posso immaginare il giovanissimo principe Carlo (Karel IV°, Ré di Boemia e Imperatore Romano, 1316-1378) dopo il suo ritorno da Parigi, dove aveva vissuto e cresciuto, piantando i primi vitigni di Borgogna sulle colline assolate, assaggiando il vino dalla coppa di stagno, sognando e forse anche scrivendo versi. Come avrà amato questa città che gli cresceva sotto le mani! Un testimonio eloquente di richezza di spirito.

Praga sempre è rinata, qualsiasi che fosse la catastrofe che l'aveva minaciata: dopo gli incendi casuali, che si propagavano a vitezza di una valanga, como dopo gli incendi di guerra, la città sempre rinasceva dalle ceneri. L'affascinante Praga medievale, nella quale il famoso sapiente Rabbi Jehuda Löw ben Becalel plasmò il Golem. Che importa che fosse solo una leggenda? Ci visse anche il celebre imperatore Rodolfo II°, quello strano spirito sapiente, amatore e collezionista d'arte. Creò una squisita galleria di preziosissime pitture e statue e attirò alla sua corte gli astronomi, matematici e sapienti più famosi di quel tempo, come erano senza dubbio Kepler o Tycho de Brahe. Sognava di scoprire gli arcani dell' universo e allo stesso tempo l'armonia esistente nell'essere umano. Nei suoi giorni felici andava a spasso in Jelení příkop (Fosso di Cervi) del Castello di Praga e assaggiava la birra della sua Birreria reale di Krušovice. Con ansia cercava la sapienza e bramava la tolleranza.

E la sua epoca! Epoca di Rinascimento, che si rivolse alla vita di questo mondo, all' uomo e le sue ansie e necesità di ogni giorno, alle sue esperienze e gioie. Ma è anche l'epoca di Praga colpita dalla miseria, pena ed umiliazione nazionale, quando dopo la perdita nella battaglia della Montagna Bianca alcuni degli intelletuali cechi più brillanti furono decapitati sulla Piazza della Città Vecchia ed altri dovettero lasciare la patria, come il sapiente universalmente riconosciuto Jan Amos Comenius. Pero Praga sempre ha rialzato la testa e rischiarito il viso. Bastava che il genio irrequieto di Mozart componesse a Bertramka il suo Don Giovanni... Praga, città di musica e di teatro.

Oh, come sospendere il tempo per ritornare almeno all'epoca della nostra infanzia, o un poco più indietro, all'inizio del nostro secolo. All'epoca delle prime tramvie, dei primi globi che si alzavano nel cielo, delle dame piene di grazia e degli uomini pieni di dignità che passeggiavano a passo leggero sul corso.

Ma negli ultimi anni la città è diventata ancora più bella, come se uscisse dal guscio e lo tirasse via. Facciate ristorate, nuovi passaggi aperti, vetrine illuminate in luogo di vecchie serrande fermate e rugginose, taverne e birrerie, caffé e case di té-tutto questo sta spuntando alla luce come quando dopo la tempesta la natura si ricopre di verde. Come in una fiaba – si agita la bacchetta magica e il mondo è cambiato. Sta cambiando e non smetterà di cambiare.

E bene che sia così!

E nelle pietre e nell'oro della città che sta nascendo, rinnovata e rinfrescata, nel cuore stesso dell' Europa, il tempo a venire lascerà la sua impronta così come quello già remoto.

La Praga d'Oro. Ogni giorno più bella.

Che rimanga così per sempre.

Jan Cimický

Socha Mistra Jana Husa od Ladislava Šalouna na Staroměstském náměstí • Old Town Square – the statue of Master John Huss by Ladislav Šaloun • Das von Ladislav Šaloun geschaffene Denkmal des Meisters Jan Hus auf dem Altstädter Ring • La sculpture représentant Jean Hus, oeuvre de Ladislav Šaloun, place de la Vieille-Ville • Monumento a Juan Hus, obra de Ladislav Šaloun, situada en la Plaza de la Ciudad Vieja • Statua di Magister Johanes Hus, opera di Ladislav Šaloun – la Piazza della Città Vecchia • Скульптура магистра Яна Гуса Ладислава Шалоуна на Староместской площади

Tisíce obyčejných lidí, stovky básníků, filozofů i malířů se nechávají unést krásami Prahy. Jenom některým však osud dopřeje tuto krásu tvořit, či ji alespoň obnovovat pro příští generace. Potkalo mě to štěstí, že jsem byl u rekonstrukce Obecního domu, který je úzce spjat s osudovými okamžiky českého národa.

Obecní dům byl vybudován na místě někdejšího sídla českých králů pro potřeby české kultury. V roce 1918 zde český národ deklaroval svoji touhu po národní svébytnosti a posléze ji začal i naplňovat. Kdykoli trpěl národ, upadalo i dění v Obecním domě. Kdykoli kráčel vzhůru, vzkvétal i tento secesní sen. Nechť je jeho nynější obnovená krása symbolem vzestupu celého národa.

Ing. František Laudát, ředitel Obecního domu

Obecní dům – strop Primátorského salonku od Alfonse Muchy • The Municipal house – ceiling of the Lord Mayor cabinet by Alfons Mucha • Das Repräsentationshaus – Decke des Primatorensaals von Alfons Mucha • La Maison municipale – le plafond du Salon du Maire décoré par Alfons Mucha • Casa Municipal – techo del Salón del Alcade, obra de Alfons Mucha • La Casa Municipale – il soffitto del Salotto del Sindaco decorato da Alfons Mucha • Общественный (Обецни) дом – потолок Бургомистерского салона, выполненный Альфонсом Муха

Řadu let žiji v samém centru Prahy, pár minut od Václavského náměstí. Stejně jako jiné děti, od maličká přivyklé monumentalitě a kouzlu pražských památek a nedělním procházkám s rodiči po Petříně nebo Hradčanech, jsem bral krásu svého rodného města jako samozřejmost. Její přitažlivou sílu jsem si naplno uvědomil až později, a vnímám ji pokaždé, když se vracím domů z delšího pobytu na jiném místě. Jsem založením „městský člověk", nevadí mi ruch na ulicích, rád pozoruji osvětlené bulváry i výkladní skříně. A jsem rád, že po letech dostává Praha i v tomto ohledu charakter evropského velkoměsta. I prosperita ovšem má svá úskalí – Česká podnikatelská pojišťovna, v jejímž čele stojím, navazuje na nejlepší tradice českého pojišťovnictví a přispívá k jistotě všech, kteří se na renesanci Prahy podílejí.

Ing. Vlastimil Navrátil, generální ředitel a předseda představenstva České podnikatelské pojišťovny, a. s.

Muzeum Alfonse Muchy v Panské ulici – pohled do interiéru • The Alfons Mucha museum – a sight to the interior • Das Mucha-Museum in der Herrenstrasse (Panská ulice) – Blick auf das Interieur • Le musée Mucha de la rue Panská – l'intérieur • Museo de Mucha en la calle Panská – vista al interior • Museo di Mucha in via Panská – veduta dell'interiore • Музей Альфонса Мухи на Панской улице – вид интерьера

Živě si ještě pamatuji na ty okamžiky, kdy asfalt v ulicích Starého Města tál pod bosýma nohama, kdy ledaři hlasitě oznamovali svůj příjezd, kdy jsme se s pocitem dobrodružství vozili za poštovním vozem taženým koněm. S lehkým sentimentem si vybavuji průčelí omšelých domů, na nichž bílou křídou stály nápisy: „Petr + Anča", „Miluju Janu", „Jarda chodí s Dášou". Stále pociťuji chvění, které ve mně vyvolává objetí mé první lásky ve stínu plynových lamp. Snad právě proto tyto uličky, rohy a zákoutí prosycené vzpomínkami na mládí naplňují pojem domova. Takové pocity nelze zažít v žádném jiném městě, ať se pyšní sebehonosnějšími paláci nebo sebebohatší historií. Toto město je má vlast.

Jiří Kolečko, ředitel Knižního klubu

Klementinum – barokní knižní sál • Clementinum – the baroque library hall • Clementinum – der barocke Bibliothekssaal • Clementinum – la bibliothèque baroque • Klementinum – la barroca Sala del libro • Klementinum – la sala dei libri barocca • Клементинум – барочное книгохранилище

Oltář kostela P. Marie před Týnem • The altar of the church of Our Lady in front of Týn • Altar der Teynkirche • Le maître-autel de l'église de Notre-Dame-de-Týn • Altar de la iglesia de Nuestra Señora de Týn • L'altare della Chiesa della Vergine Maria di Týn • Алтарь костела Девы Марии Перед Тыном

Železná věž Průmyslového paláce na Výstavišti • The Iron Tower of the Industrial palace on Výstaviště • Der eiserne Turm des Kongresspalastes im Ausstellungsgelände • La tour métallique du Palais industriel – le Parc des Expositions • Torre de hierro del Palacio Industrial en el Parque de las Exposiciones • La torre di ferro del Palazzo industriale, edificato nell'Area delle Esposizioni • Железная башня Промышленного дворца на Выставке

Detail náhrobku ze Starého židovského hřbitova • Detail of a tumbstone of the Old jewish cemetery • Teilansicht eines Grabsteines auf dem Alten Jüdischen Friedhof • Le détail d'une pierre tombale du vieux cimetière juif • Detalle de una tumba del Viejo Cementerio Judío • Un particolare di una tomba del Cimitero ebraico • Деталь надгробия на Старом еврейском кладбище

Ve své profesi se zabýváme servisem spotřebního zboží (pračky, myčky, sušičky) na území celé České republiky, ale naše ústředí sídlí od svého vzniku v Praze. Dle svých možností podporujeme vydávání hodnotných knížek, byli jsme u tří ročníků populárního Pražského knižního majálesu a hodláme v této přepotřebné činnosti nadále pokračovat, čehož výmluvným dokladem je i tato jedinečná fotopublikace Zlatá Praha z tvůrčí dílny našeho přítele a spolupracovníka Karola Benického.
PM servis - kvalitní servis pro kvalitní značky!

Vilouš Černý, jednatel PM servis, Praha

Zámek Trója z druhé poloviny sedmnáctého století • The Troya chateau from the second half of the seventeenth century • Das Schloss Trója aus der zweiten Hälfte des siebzehnten Jahrhunderts • Le château de Troja datant de la seconde moitié du XVIIe siècle • Castillo de Trója de la segunda mitad del siglo XVII • Il Castello di Trója dalla seconda metà del '600 • Замок Троя второй половины XVII века

Pražská Loreta – pozoruhodná barokní stavba • Loretto of Prague is a remarkable baroque building • Wallfahrtsstätte Maria-Loreto – denkwürdiger Barockbau • Notre-Dame-de-Lorette de Prague – une remarquable architecture baroque • Iglesia y edificios de Loreto en Praga – extraordinario complejo barroco • Loreta di Praga, una notabile costruzione barocca • Пражская Лорета – достопримечательное произведение барочной архитектуры

Bájný Vyšehrad – sídlo přemyslovských knížat • Legendary Vyšehrad – residence of Premyslids princes • Das sagenumwobene Vyšehrad – Sitz der Fürsten des Přemyslidengeschlechts • Le Vyšehrad légendaire – autrefois la résidence des princes de la dynastie des Přemyslides • El mítico Vyšehrad – sede de los príncipes premislitas • Il mitico Vyšehrad (Castello Alto), sede dei principi della stirpe di Přemysl • Легендарный Вышеград – резиденция Пржемысловичей

>>

Vybráno z historie domu U Rotta na Malém náměstí v Praze • 13. století • vystavení románského domu o třech podlažích, do současnosti zachován sklepní prostor zaklenutý křížovou klenbou na dva středové kamenné sloupy, dnes 1. podzemní podlaží se stylovou vinárnou • 15. století • gotická přestavba, pod románským sklepem vyhloubeno další patro klenutých sklepů, dnešní 2. podzemní podlaží s vinným klubem • 1528 • první zmínky o obchodu s vínem • 1600 • renesanční přestavba domu, dochována jedna klenba v přízemí, v průčelí již existovala sgrafita • 1855 • dům kupují manželé Vincenc Josef a Marie Rottovi, kteří sem přenesli „obchod se zbožím norimberským" (železářským) provozovaným od 1. listopadu 1840 • 1896 až 97 • přestavba domu, zřízení prodejní haly, průčelí pokryto freskami podle námětů Mikoláše Alše • 1922 až 23 • další přestavba domu, prodejní hala zakryta první sklobetonovou kopulí v Praze, doplněna kovovým zábradlím, dřevěným obložením a obrazem Malého náměstí na schodišti • 13. 3. 1996 • po 156 letech činnosti ztrácí železářství v památkově chráněných prostorách své uplatnění a přesunuje se do vhodnějších prodejních míst • 1996 • rekonstrukce objektu firmou Kappel, a. s., ve spolupráci s V. J. Rott, a. s., vč. sklepních prostor, vzniká pětipodlažní prodejní dům • 28. 11. 1996 • slavnostní otevření Domu lahůdek •

Ing. Vítězslav Klečka, předseda představenstava Dům lahůdek a. s.

Thun-Hohensteinský palác na Hradčanském náměstí • The Thun-Hohenstein palace in Hradčany square • Palais Thun-Hohenstein auf dem Hradschiner Platz • Le palais Thun-Hohenstein de la place de Hradčany • Palacio de Thun-Hohenstein en la Plaza del Castillo • Il Palazzo Thun-Hohenstein sulla Piazza del Castello • Тун-Гогенштейнский дворец на Градчанской площади

Malé náměstí ve Starém Městě s domem u Rottů • The Little Square in the Old Town and the house called At the Rott's • Der Kleine Platz in der Altstadt mit dem Haus Rott • La Petite place dans la Vieille Ville, avec la maison Rott • Plaza Pequeña de la Ciudad Vieja con la Casa de Rott • La Piccola Piazza della Vecchia Città con la casa di Rott • Малая площадь (Мале наместни) в Старом Месте с домом старинной купеческой семьи Ротт

Historická Novoměstská radnice na Karlově náměstí • The ancient New Town Hall on Charles Square • Das historische Neustädter Rathaus auf dem Karlsplatz • L'édifice historique de l'Hôtel de Ville de la Nouvelle Ville, place Karlovo náměstí • Histórico Ayuntamiento de la Ciudad Nueva en la Plaza de Carlos • Il Municipio storico della Città Nuova – Piazza Carlo • Историческая Новоместская ратуша на Карловой площади

Bazilika sv. Jiří – nejzachovalejší románská architektura v Čechách • The St.Georges basilica is the most proved romanesque building in Bohemia • St.-Georgs-Basilika – am besten erhaltenes Beispiel romanischer Architektur in Böhmen • La basilique St-Georges – l'architecture romane la mieux conservée de Bohême • Basílica de San Jorge – muestra de la arquitectura románica más conservada en Bohemia • La basilica di San Giorgio – il monumento dell'architettura romanica miglior conservato di tutta la Boemia • Базилика св. Йиржи (Георгия), самый сохранившийся архитектурный памятник романского стиля в Чехии

Vždy jsem měl Prahu, jejího genia loci rád. Až když jsem se před čtvrtstoletím odstěhoval na venkov, vytanulo mi, jak mně vlastně chybí.

Když zajíždím do hlavního města pracovně či úředně, neopomenu se, pokuď čas dovolí, projít po Karlově mostě tam a sem. Čím jsem starší, tím více mě srdce táhne na Malou Stranu, cestou na Hrad buď Strahovskou zahradou, či Nerudovkou, Opyší, či Starými zámeckými schody až nahoru pod věž, s vyhlídkou na terasy, zahrady a střechy malostranských domů.

Jako studenti Akademie jsme v prvních ročnících objevovali také neobyčejné kouzlo pražských dělnických čtvrtí a periferie – Hlubočep, Radlic, Smíchova, Hostivaře, Libně, Kobylis, Holešovic. Když si po těch 33 letech od absolutoria prohlížím kresby, či grafiky z té doby – jsem už vlastně „pamětník" – , tak vidím, jak se za tu dobu ty čtvrti změnily. Zda k dobrému, či zlému, to posoudí až budoucí generace.

Jeňýk Pacák, malíř a grafik

Pražský hrad – Daliborka s Černou věží • The Prague Castle – the Daliborka tower and the Black tower • Die Prager Burg – Daliborka-Turm und Schwarzer Turm • Le Château de Prague – la tour Daliborka et la tour Noire • Castillo de Praga con la Torre Daliborka y la Torre Negra • Il Castello di Praga – Torre Daliborka con la Torre Nera • Пражский Град – Далиборка с Черной башней

Rekomendace je akademická pochvalná řeč. Nabízím Vám úryvek z jedné, která byla pronesena na Karlově univerzitě bakalářem Janem Pražským: „Z Prahy jsi, a tak z druhé Paříže! Neboť co jest lepšího nad Prahu? Ty jsi druhá Paříž, živící lačné umění; ty jsi druhá Bononie, rozkládající chléb síly silným; ty jsi Salernum, zahánějící nemoci výtečností lékařství; ty jsi vládou nejmocnější Řím, tobě není rovno město žádné." Dále praví: „Jak Praha vskutku je mocná a vskutku jak krásná a moudrá. Vždyť lidi rovny bohům zahrada tahle rodí. Ó, šťastné Čechy, které jste zrodily tak sladkou dceru, jejíž chvála jest rozšířena až k nebesům! A ježto ty z Prahy jsi, proto tě všichni chválou budou vynášeti."

Už Josef Švejk pociťoval velké uspokojení, když kdokoli mohl prohlásit, že je přímo odněkud. Tak tedy, jsem přímo z Prahy.

Václav Postránecký, herec a režisér

Renesanční letohrádek Hvězda – památník bitvy na Bílé Hoře • The Renaissance summer palace Star (Hvězda) is a monument of the battle of White Mountain (Bílá Hora) • Schloss Stern im Stil der Renaissance – Gedenkstätte der Schlacht am Weißen Berg • Le pavillon Hvězda de style Renaissance abrite une exposition relatant la bataille de la Montagne Blanche • Palacete veraniego de la Estrella en estilo renacentista – monumento de la batalla en la Montaña Blanca • Il castello rinascimentale di Hvězda (Stella), presso il quale si svolse la battaglia della Montagna Bianca • Ренессансный бельведер Гвезда – памятник битве на Белой Горе

ЗОЛОТАЯ ПРАГА

Когда золотое солнце, вращаясь по небесной орбите, потеряло золотой луч, великие мастера сотворили из него город.

По сей день его называют Золотой Прагой. Может быть, потому, что своим поэтическим силуэтом она напоминает блестящую зарю, отображаемую костелами и храмами, шпили башен и башенки дворцов, и все то, что отражается на спокойной глади величественной реки. Здесь проходили века, в цветущих весенних садах и парках, в терпких и душных летних грозах, в осенней меланхолии падающих листьев, под зимней белой шапкой.

Прага, город, растворяющийся в твоей крови! Я прошел много городов, испробовал их мостовую, очаровывался их красотой, но ни один из этих городов не был таким естественно красивым, нигде я не чувствовал такой хрупкой души, как здесь, где я родился. Я не поменял бы его ни на что на свете.

Могу себе представить молодого королевича Карла, приехавшего из Парижа, где он вырос и созрел, как он сажает первые кустики бургундского виноградника на солнечных косогорах, как он пробует вино из оловянной кружки, мечтает и, может быть, создает стихи. Как он, наверно, любил этот город, растущий у него под руками! Красноречивое свидетельство великого духа!

Прага всегда поднималась к новой жизни, восставая из всякого пожара, военного или случайного, даже если он грянул как лавина, она снова поднимала голову. Та очаровывающая средневековая Прага, где славный ученый Иегуда Лёв бен Безалел из глины создал Голема. Что из того, что это только легенда? Но здесь жил и прославленный император Рудольф Второй, эта странная образованная личность, коллекционер и любитель искусства, создавший знаменитую галерею ценнейших картин и скульптур, к своему Двору он привлек славных астрономов своего времени, математиков, ученых, какими, бесспорно, были Иоганн Кеплер или Тихо де Браге. Он мечтал открыть познание Вселенной, как и гармонию в человеке. Здесь в свои счастливые дни он прогуливался в Оленьем рву, здесь пробовал пиво из своего Крушовицкого королевского пивоваренного завода. Стремился к образованию и жаждал терпимости.

Ах, это рудольфовское время! В мантии Ренессанса, обращенного скорее к жизни современного ему человека и к обыденным человеческим мечтам и потребностям, переживаниям и радостям. Прага была подвержена мукам и национальному унижению, когда после проигранной битвы на Белой Горе интеллектуальным верхушкам чешского народа пришлось положить голову на плаху, а другие его замечательные представители, как Ян Амос Коменский, должны были покинуть родину.

Но Прага всякий раз воспряла духом. Довольно было того, чтобы гениальный Моцарт создал на пражской Бертрамке Дона Джованни. И вот вам Прага музыкальная и Прага театральная.

Ах, если бы только можно было остановить время или хотя бы на некоторое время вернуться в детство или еще немного дальше, на перелом века. К первым трамваям, воздушным шарам, летавшим над головами, во времена очаровательных дам и почтенных мужчин, прогуливавшихся по главным улицам.

Но в последние годы город еще больше похорошел, как будто вылупился из скорлупы и отбросил ее. Новые фасады домов, открытые пассажи и светящиеся витрины, заменившие опущенные ржавые шторы, кабачки и винные погребки, кафетерии и чайные, появляющиеся, как грибы после дождя. Мир изменился, как по мановению волшебной палочки. Меняется и будет меняться и впредь.

И это хорошо!

На камне и золоте рождающегося и освеженного города, посреди Европы, в самом ее сердце, подпишется грядущее время, так же, как и то, которое уже давно прошло.

Золотая Прага. День ото дня ты прекраснее.

Останься такой навеки.

Ян Цимицкы

Staroměstské náměstí – kostel sv. Mikuláše • Old Town Square – St.Nicolas church • Der Altstädter Ring – St.-Niklas-Kirche • La place de la Vieille-Ville – l'église St-Nicolas • Plaza de la Ciudad Vieja – Iglesia de San Nicolás • Piazza della Città Vecchia – chiesa di San Nicola • Староместская площадь – костел св. Микулаша

Večerní Praha, v popředí malostranské střechy • Evening Prague with Lesser Town roofs in front • Das abendliche Prag, im Vordergrund die Dächer der Kleinseite • Prague le soir, au premier plan les toits de Malá Strana • La Praga nocturna con los tejados de la Ciudad Pequeňa • Praga di notte con il panorama di tetti di Malá Strana • Вечерняя Прага, на переднем плане малостранские крыши >

Jízda králů v Karlově ulici • The kings ride (jízda králů) in Charles street • Der Königszug in der Karlsgasse • La chevauchée des rois dans la rue Karlova • Cortejo de los Reyes en la Calle de Carlos • La cavalcata dei ré in via Carlo (Karlova) • Королевский выезд в Карловой улице

Rytířská ulice v samém srdci Prahy • Knight (Rytířská) Street in the proper town centre • Die Ritterstrasse im Herzen von Prag • La rue Rytířská au coeur même de Prague • Calle de los Caballeros en el corazón de Praga • La Via Rytířská nel cuore di Praga • Рытиржска (Рыцарская) улица в самом центре Праги

Socha rytíře Bruncvíka bdí nad Vltavou • The statue of the knight named Bruncvik is watching above Vltava • Die Statue des Ritters Bruncvik wacht über der Moldau • La statue du chevalier Bruncvík veillant sur la rive de la Vltava • Estatua del caballero Bruncvik velando por el río Moldava • La statua del cavaliere Bruncvík veglia sospesa sulla Moldava • Изваяние рыцаря Брунцвика охраняет Влтаву

Stavovské divadlo – vznosná dvoupatrová klasicistní stavba • The Stavovské theatre is an ostentatious classical building of two floors • Das Ständetheater – ein erhabener zweistöckiger Bau im Stil des Klassizismus • Le Théâtre des Etats – sompteux édifice néo-classique à deux étages • Teatro de Estados – portensoso edificio clasicista de dos pisos • Il Teatro degli Stati (Stavovské) – un grandioso edificio di due piani nello stile classicista • Ставовский театр – роскошное трехэтажное классическое здание

Ústav dopravního inženýrství hlavního města Prahy se podílí na koncepčních pracech pražské dopravy. Každé zlepšení dopravních poměrů je pro město velmi cenné. Výstavba úseku metra B od Nových Butovic po Zličín zkvalitnila dopravní obsluhu pro obytné soubory Jihozápadního města.

Jako rodilý Pražák z Dejvic na své město nedám dopustit, i když má hodně problémů, mj. i v dopravě. Přesto je nejhezčí na světě.

Ing. Ladislav Pivec, ředitel Ústavu dopravního inženýrství hlavního města Prahy

Nuselské údolí – v pozadí Vyšehrad a klášter s kostelem Panny Marie na Karlově • The Nuselské valley – Vyšehrad and the monastery with the church of Our Lady of Karlov on background • Das Nusle-Tal – im Hintergrund Vyšehrad und das Kloster mit der Marienkirche in Karlov • La vallée de Nusle – au second plan Vyšehrad et le monastère de Karlov avec l'église Notre-Dame • Valle de Nusle, al fondo Vyšehrad y Monasterio con la Iglesia de Virgen María en Karlov • La valle di Nusle – sullo sfondo Vyšehrad (Castello Alto) e il monastero con la chiesa della Vergine Maria di Karlov • Нусельская долина – на заднем плане Вышеград и монастырь с костелом Девы Марии На Карлове

Pohled ze Staroměstské Mostecké věže Karlova mostu na pražské věže • View from the Old Town tower of the Charles bridge to Prague towers • Blick vom Altstädter Brückenturm der Karlsbrücke auf die Türme der Stadt Prag • Les tours et clochers de Prague vus du haut de la tour du pont Charles côté Vieille-Ville • Una vista sobre las torres praguenses desde la Torre de la Ciudad Vieja que flanquea el Puente de Carlos • La veduta dalla Torre del Ponte Carlo della Città Vecchia sulli torri di Praga • Вид с малостранской Мостовой башни Карлова моста на пражские башни

<

Kladný vztah člověka k místu, které je jeho domovem, považuji za bytostně důležitý. Vykořeněnost člověka přebývajícího na uniformním sídlišti, v uniformní ulici v neméně uniformním domě dobře ilustrují stav, kdy takovéto pouto k domovu chybí. A kde jinde lépe hledat téměř učebnicový příklad místního patriotismu než na Žižkově? Prvorepublikový Žižkov Franty Sauera, Jaroslava Haška a jejich úsměvné donkichotské úsilí o ustavení Svobodné republiky Žižkov, či dojemné vyznání Jaroslava Seiferta o své lásce k domovu – Všechny krásy světa. Smutnou kapitolou zůstává období po roce 1948, kdy tehdejší režim jednou provždy usiloval o vymýcení rázovitosti a genia loci této části města rozsáhlou asanací, jejímž leitmotivem bylo právě rozbití přirozených lidských vazeb budovaných po mnoho desetiletí. Znovunabytí občanských svobod po zhroucení totalitního režimu přineslo záplavu automobilů s poznávací značkou „Ž", noví majitelé obnovili útulnost a pohostinnost žižkovských hospod a hospůdek, vznikla nová tradice Žižkovského masopustu, Vinohradského vinobraní a dalších lidových slavností. Žižkov nabídl prostor mnoha významným umělcům a je zároveň dobrým zázemím pro alternativní kulturu. Lidé na Praze 3 cítí opět sounáležitost s místem, kde žijí.

Ing. Tomáš Mikeska, starosta Městské části Praha 3

Pohled z Vítkova na zimní Žižkov • Winter view from Vítkov to Žižkov • Blick vom Veitsberg (Vítkov) auf das winterliche Žižkov • Le quartier de Žižkov en hiver, vu du haut du mont Vítkov • Una imagen de invierno desde Vítkov sobre el barrio Žižkov en invierno • Veduta dalla collina Vítkov sul quartiere di Žižkov in inverno • Вид на Жижков с холма Витков

Malá Strana a Staré Město pražské musia očariť každého vnímavého človeka už pri prvom stretnutí. To sa stalo aj mne po príchode na FAMU. Môj obzor sa neustále rozširoval, prelínali sa v ňom a dominovali všetky stopy architektúry celého uplynulého tisícročia. Môj žiakovský fotoaparát sa pohyboval vo všetkých možných uhloch priestoru, uprostred tejto velkolepej kulisy vekov. V nej a popri nej sme hľadali súvislosti, pominuteľnosť a pohyb života.

Môj priateľ Karol, podobne ako ja, tiež neprežíval celý svoj život v Prahe, ale pretože je to človek veľmi vnímavý a bystrý, mesto ho oslovilo, inšpirovalo a on našiel k nemu svôj vzťah. A to taký originálny a čarovný, že z neho máte príjemný pocit dôverného tepla. Dobre sa pozerá na jeho fotoobrazy, teším sa na jeho svojský pohľad na Zlatú Prahu.

Juraj Šajmovič, držitel Českého lva za filmovú kameru (1996)

Malebné okolí kostela sv. Vojtěcha – Nové Město • Picturesque surroundings of the St. Adalbert church – New Town • Die malerische Umgebung der St.-Adalbert-Kirche – Neustadt • Le environs pittoresques de l'église St-Adalbert – la Nouvelle Ville • Pintorescos alrededores de la Iglesia de San Adalberto en la Ciudad Nueva • Angoli pittoreschi attorno alla Chiesa di San Adalberto – La Città Nuova • Красочные места вокруг костела св. Войтеха в Новом Месте

Kanovnická ulice na Hradčanech • Kanovnická street in Hradčany • Die Domherrenstrasse (Kanovnická ulice) in Hradčany • La rue Kanovnická dans le quartier de Hradčany • Calle de los Canónigos en el Castillo de Praga • Via Kanovnická (dei Canonici) a Hradčany • Кановницка улица – Градчаны

Proslulé Pražské jezulátko v kostele Panny Marie Vítězné • The famous Bambino of Prague in the church of Our Lady • Das berühmte Prager Jesuskind in der Kirche St.Maria de Victoria • La célèbre figurine de Jésus de Prague conservée dans l'église Notre-Dame-de-la Victoire • Niño Jesús de Praga en la Iglesia de la Virgen Victoriosa • Il famoso Bambino di Praga nella chiesa della Vergine Maria delle Vittorie • Известный Пражский младенец в костеле Девы Марии Торжествующей

Barokní diamantová monstrance, nazývaná „Pražské slunce” – Pražská Loreta • The baroque diamond monstrance called the Golden Sun in Loretto of Prague • Barocke Diamantenmonstranz, genannt „Prager Sonne” – Prager Loretoheiligtum • L'ostensoir baroque orné de diamants, dit le „Soleil de Prague” – Notre-Dame-de-Lorette de Prague • Custodia barroca de diamantes llamada „Sol de Praga” – Loreto de Praga • L'ostensorio barocco con diamanti, chiamato „Sole di Praga” – Loreta di Praga • Барочная алмазная дарохранительница, называемая „Пражское солнце” – Пражская Лорета

Naše akciová společnost Benet se řadí k předním zlatnickým firmám v České republice. Stěžejním programem je výroba snubních prstenů a zlatých šperků. Snubní prsteny z kolekce, čítající více než 350 modelů, lze zakoupit v téměř 600 obchodech naší republiky. Výroba zlatých šperků je založena na tradici české zlatnické dovednosti. Kolekce prstenů, náušnic, přívěsků, řetízků, atd. jsou průběžně obohacovány o nové modely, které vytváříme ve vlastním designerském ateliéru. Převážnou část modelů představuje český klasický šperk, jenž je proslulý dokonalým zpracováním. Často bývá opatřen ruční rytinou a osázen kameny.

Náročnější zákazníky jsme schopni uspokojit nabídkou briliantových šperků, od napodobení secesních šperků až k vlastním současným originálům.

Zlato učarovalo nejen císaři Rudolfu II., ale i všem těm, co mají oči a duše otevřené pro krásu a noblesu.

Jan Toman, předseda představenstva

Šperky zlatnické firmy Benet • Jewels of the goldsmith's firm Benet • Schmuck der Goldschmiederei Benet • Les bijoux de la Maison Benet • Joyas de la firma Benet • Gioielli d'oro della marca Benet • Драгоценности фирмы Бенет

Můj život a práce jsou svázány natrvalo s tímto stověžatým a zlatým městem, ve kterém jsem se v Tychonově ulici nedaleko Pražského hradu narodil. Nikdy nezapomenu na pravidelné nedělní procházky s rodiči Starým Městem, na čas her a dospívání uprostřed kamenné krásy domů, paláců, městských zahrad a sadů...

Láska k Praze mi zůstala a neopouští mě. Podílel jsem se na restaurování významných městských památek, jako jsou Pražský hrad, Strahovský klášter, kostel sv. Markéty, Stavovské divadlo, Rudolfinum, Žofín a v poslední době Obecní dům.

S autorem této poetické fotopublikace Karolom Benickým nás spojuje dlouholeté přátelství. Někdy si připadáme jako pověstné „kamikaze". Proč? Společně se pouštíme na dnes už velice „tenký led" vydávání a financování náročných obrazových knih (viz „Země česká, domov můj...", prosinec 1997). A proč to konstatuji? Velkodistributoři podobné knížky nekupují, berou je jen do komisionálního prodeje... Bez dalšího komentáře...

Praga caput regni...

Miroslav Liška, restaurátorské a uměleckořemeslné práce

Žofín – detail stropu velkého sálu • Žofín – detail of the ceiling in the big hall • Žofín – Teilansicht der Decke im grossen Saal • Žofín – détail du plafond de la grande salle • Žofín – detalle del techo de la Sala Grande • Žofín – un particolare del soffitto della sala grande • Жофин – деталь потолка парадного зала

Obecní dům – Slovácký salónek • The Municipal house – the Slovak cabinet • Das Repräsentationshaus (früher Gemeindehaus) – Mährisch-slowakischer Saal • La Maison municipale – le Salon slovaco-morave • Casa Municipal – Salón de Eslovaquia Morava • La Casa Municipale – il Salotto slovacco • Общественный (Обецни) дом – Моравскословацкий салон

Obecní dům – Primátorský salonek • The Municipal house – the Lord Mayor cabinet • Das Repräsentationshaus – Primatorensaal • La Maison municipale – le Salon de Maire • Casa Municipal – Salón del Alcalde • La Casa Municipale – il Salotto del Sindaco • Общественный дом – Бургомистерский (Приматорский) салон

Mám rád naše krásné město tak jako většina Pražanů a zvláště pak Staré Město. A právě proto jsem se rozhodl podnikat v Havelské ulici. Vrátil jsem se na místo, kde podnikal před léty můj děda Josef, kde doposud podniká má matka Jiřina (která je mi moudrou rádkyní), kde prodává můj táta František.

A jelikož se domnívám, že nestačí o lásce k rodnému městu jenom pěkně mluvit, snažím se, aby „Havelák", který jsem převzal v roce 1994 doslova v zuboženém stavu, vzkvétal jak v době našich předků.

A právě proto jsem se odhodlal vrátit Pražanům a návštěvníkům to, co jim v centru chybí. A to lidový stravovací automat Koruna. Bude stát právě v Havelské ulici s názvem Havelská Koruna. Věřím, že první zákazníky budu moci přivítat již na předvánoční hostině!

F. Soukup, provozovatel Havelského tržiště

Panorama průhonického zámku s kostelem uprostřed vzácného parku • The panorama of Průhonice chateau with a church situated in the middle of a beautiful park • Panorama des Schlosses zu Průhonice mit Kirche inmitten eines wundervollen Parks • Le panorama du château de Průhonice avec l'église, entouré d'un parc avec essences rares • Panorama del castillo Průhonice con la iglesia situado en el centro de un parque espléndido • Panorama del castello di Průhonice con la chiesa nel centro del giardino prezioso • Панорама замка в Пругонице с костелом посреди редкого парка

Havelský trh v netradičním zimním hávu • An extraordinary winter view on the market place of the St.Havel Square • Der Havelsche Markt in ungewöhnlichem Winterkleid • Le marché de St-Gall en habit hivernal • Mercado Havelský bajo la manta de nieve poco tradicional • Il mercato Havelský trh poco tradizionale, coperto dalla neve • Гавелский рынок в нетрадиционном зимнем одеянии

OKOLÍ PRAHY
THE SURROUNDINGS OF PRAGUE
DIE UMGEBUNG VON PRAG
LES ENVIRONS DE PRAGUE
ALREDEDORES DE PRAGA
DINTORNI DI PRAGA
ОКРЕСТНОСТИ ПРАГИ

Zámek Lány – letní sídlo prezidenta republiky • The chateau of Lány is the summer residence of the president of the republic • Schloss Lány – Sommersitz des Präsidenten der Republik • Le château de Lány – la résidence d'été du président de la République • Castillo de Lány – sede de verano del Presidente de la República • Il castello di Lány – la sede estiva del Presidente della Repubblica • Замок Ланы, летняя резиденция Президента республики

Císařský ostrov – centrum parkurového sportu • Emperor (Císařský) Island is a centre of riding sport • Die Kaiserliche Insel – Zentrum des Reitsportes • L'Ile impériale – centre de l'équitation • Isla del Emperador – centro del deporte hípico • L'Isola Císařský ostrov – centro dello sport ippico • Цисаржски (Императорский) остров – центр конного спорта

Již za Rudolfa II., v roce 1598, si v Praze založili formani svůj vlastní cech. Zvláštním cechem byli i dopravci, kočové a fiakristé.
Dnes fiakristé a povozníci pokračují po čtyřicetileté výluce zaviněné totalitou ve své vyhledávané službě.
Tak jako Vídeň bez fiakrů a koní by nebyla Vídní, tak i Praha bez jejich účasti by nikdy nebyla Prahou . . .

Josef Kočovský, představitel cechu fiakristů a povozníků Čech a Moravy

Zámek Dobříš proslulý svými sbírkami a francouzskou zahradou • The chateau of Dobříš is well-known for its collections and its garden in French style • Schloss Dobříš, berühmt durch seine Sammlungen und den französischen Garten • Le château de Dobříš connu pour ses collections et son jardin à la française • Castillo de Dobříš famoso por sus colecciones y el jardín francés • Il castello di Dobříš, conosciuto per le sue collezioni e il giardino alla francese • Замок Добржиш, известный своими коллекциями и французским парком

Okázalý průvod kladrubských koní • An ostentatious procession of horses of Kladruby • Prunkvoller Pferdeumzug • Le magnifique défilé des chevaux de Kladruby • Majestuoso desfile de los caballos de Kladruby • Un corteggio pomposo dei cavalli di Kladruby • Пышное шествие кладрубских лошадей   <

Vzácný gotický chrám sv. Barbory v Kutné Hoře • The precious gothic temple of St.Barbara in Kutná Hora • Der wertvolle gotische Dom St.Barbara in Kutná Hora • La remarquable église gothique de Kutná Hora, consacrée à Ste-Barbe. • Preciosa iglesia gótica de Santa Barbara en Kutná Hora • La cattedrale gotica di Santa Barbara, molto pregiata, a Kutná Hora • Редкий готический храм св. Варвары (Барборы) в г. Кутна Гора   <<

Hrad Karlštejn – navždy spojen se jménem krále a císaře Karla IV. • Karlštejn castle is joined for ever with the name of the king and the emperor Charles IV • Die Burg Karlstein – für alle Ewigkeit verbunden mit dem Namen des Königs und Kaisers Karl IV. • Le château de Karlštejn lié pour toujours au nom de Charles IV, roi de Bohême et empereur romain-germanique • Castillo de Karlštejn, cuyo nombre se asocia con la personalidad del rey y emperador Carlos IV • Il castello di Karlštejn, per sempre legato con il nome di Carlo IVº, ré e imperatore • Укрепленный замок Карлштейн, навсегда связанный с именем короля и императора Карла

Třebíz – náves vesnice u Kladna • Třebíz – a village green near the town of Kladno • Dorfplatz von Třebíz bei Kladno • Třebíz près de Kladno – la place du village • Třebíz – plazoleta de la aldea situada cerca de la ciudad de Kladno • Třebíz – la piazza di un villaggio nei pressi di Kladno • Тржебиз (вблизи г. Кладно) – деревенская площадь

ČESTNÁ LISTINA

Vydavatelé děkují za přízeň a spolupráci při vydání fotopublikace ZLATÁ PRAHA.
Naše úcta patří všem, kteří přiložili ruce k dílu. Kniha vychází u příležitosti 80. výročí
vzniku Československé republiky (1918—1998).

Miroslav Ambroš, ředitel, Dům lahůdek U Rotta • Reon Argondian, malíř • Heda Bartíková, básnířka • Ing. Jan Bauer, spisovatel • Jiřina Bohdalová, herečka • Vlastimil Brodský, herec • PhDr. František Cinger, redaktor • MUDr. Jan Cimický CSc., lékař a spisovatel • Vilouš Černý, jednatel, PM servis • Vladimíra Draždíková, Svaz zemědělských družstev a společností • Helena Dubničová, redaktorka Českého rozhlasu • Vratislav Ebr, knihkupec • Ing. Jan Fencl, předseda Svazu zemědělských družstev a společností • Pavel Gruber, ředitel nakladatelství Melantrich a. s. • Petr Haničinec, herec • Mgr. Nataša Hrádková, Obecní dům • Blanka Hrubešová • Eduard Hrubeš, moderátor • Ing. Zdeněk Choleva, Helma v.o.s. • Juraj Jakubisko, filmový režisér • Vlastimil Ježek, generální ředitel Českého rozhlasu • Dr. Dana Kalinová, ředitelka mezinárodního veletrhu Svět knihy • Jan Kanzelsberger, knihkupec • Dr. Viktor Kejha, informační pracovník • Ing. Vítězslav Klečka, předseda představenstva Dům lahůdek a. s. • Josef Kočovský, představitel cechu fiakristů a povozníků Čech a Moravy • Dr. Jiří Kolečko, ředitel Knižního klubu • PhDr. Milan Koukal, redaktor Blesk magazín • Petra Kruntorádová, redaktorka Evropa 2 • Jiří Krytinář, herec • František Lauer, novinář • Ing. František Laudát, ředitel Obecního domu • Miroslav Liška, restaurátor •

Barokní zámek Veltrusy v čarovném prostředí parku • The baroque chateau of Veltrusy in a charming park • Das barocke Schloss Veltrusy mit seinem zauberhaften Park • Le château baroque de Veltrusy entouré d'un parc merveilleux • Castillo barroco de Veltrusy rodeado por un precioso parque • Il castello barocco di Veltrusy nell'ambiente prodigioso del parco • В очаровательной среде парка барочного замка Вельтрусы

Radovan Lukavský, herec • PhDr. Helena Malá, Výstaviště Praha • Gagik Manoukian, malíř, Armé-
nie • Mgr. Jiří Melíšek, publicista • Josef Masopust, fotbalový internacionál • Ing. Tomáš Mikeska,
starosta městské části Praha 3-Žižkov • Luděk Munzar, herec • Christian Müller, Ringier ČR • Mi-
loš Nesvadba, herec a kreslíř • Ing. Vlastimil Navrátil, generální ředitel a předseda představenstva
České podnikatelské pojišťovny a. s. • Vladimír Novák, knižní distributor • Jeňýk Pacák, malíř
a grafik • Ing. Luboš Pavlas, předseda představenstva a generální ředitel, Pražská teplárenská
a. s. • Ing. Ladislav Pivec, ředitel Ústavu dopravního inženýrství hlavního města Prahy • Václav
Postránecký, herec a režisér • Aleš Rett, nakladatel, Montanex Ostrava • Ing. Leoš Senjuk, ELS
s.r.o. • Dr. Miro Smolák, majitel mezinárodní galerie MIRO • František Soukup, provozovatel Ha-
velského tržiště • Josef Sůra, PM servis • Jaroslav Svěcený, houslový virtuos • Juraj Šajmovič,
kameraman • Martin Štěpánek, herec • Ing. Pavel Šulc, ředitel Fruits de France Praha • Miroslav
Tampír, úřadující předseda České strany národně sociální • MUDr. Radim Uzel, sexuolog • Andrea
Vernerová, podnikatelka • Ing. Zdeněk Vitouš, ředitel Pražské paroplavební společnosti
a. s. • Přemysl Votava, funkcionář ČSNS • Miloslav kardinál Vlk • Gabriela Vránová, herečka •
Petr Zrůstek, Helma v.o.s. • Jiří Žáček, básník

Romantický zámek Konopiště pod Blaníkem • The romantic chateau Konopiště pod Blaníkem • Das ro-
mantische Schloss Konopiště am Fusse des Blaník • Le château romantique de Konopiště à proximité du
mont Blaník • Romántico castillo de Konopiště cerca de la motaña Blaník • Il castello romantico Konopiště
sotto Blaník • Романтический замок Конопиште под горой Бланик

Galerie MIRO v kostele sv. Rocha Praha • The MIRO Gallery in the St.Rocchus church Praha • Galerie MI-RO in der St.-Rochus-Kirche in Prag • La galerie MIRO à l'église St-Roch Prague • Galería Miró en la Iglesia de San Roque Praha • La galleria MIRO nella chiesa di San Rocco a Praga • Галерея МИРО в костеле св. Роха в Праге

KAROL BENICKÝ

ZLATÁ PRAHA

**Vydalo nakladatelství Art Benický
ve spolupráci s Knižním klubem
Design — Karol Benický, Matúš Benický
Litografie — Studio Michael CLS
Vytiskla Polygrafia Praha, a. s., v roce 1998
1. vydání
ISBN 80-7176-819-7 (Knižní klub)**